ETARISMO

Fran Winandy

ETARISMO
Um novo nome para um velho preconceito

Matrix

© 2023 - Fran Winandy
Direitos em língua portuguesa para o Brasil:
Matrix Editora
www.matrixeditora.com.br
/MatrixEditora | @matrixeditora | /matrixeditora

Diretor editorial
Paulo Tadeu

Capa, projeto gráfico e diagramação
Patricia Delgado da Costa

Revisão
Adriana Wrege
Silvia Parollo

CIP-BRASIL - CATALOGAÇÃO NA PUBLICAÇÃO
SINDICATO NACIONAL DOS EDITORES DE LIVROS, RJ

Winandy, Fran
Etarismo / Fran Winandy. - 1. ed. - São Paulo: Matrix, 2023.
168 p. ; 23 cm.

ISBN 978-65-5616-353-6

1. Envelhecimento - Aspectos sociais. 2. Envelhecimento - Aspectos psicológicos. I. Título.

23-84841
CDD: 305.26
CDU: 316.346.32-053.9

Meri Gleice Rodrigues de Souza - Bibliotecária - CRB-7/6439

SUMÁRIO

Prefácio 11

Introdução 15

Capítulo 1 – A IDADE E O NOSSO MEDO DE ENVELHECER................. 21

Capítulo 2 – RAÍZES DO ETARISMO 41

Capítulo 3 – O ETARISMO AO LONGO DA VIDA DAS MULHERES 59

Capítulo 4 – A INTERSECCIONALIDADE: O ETARISMO E OS DEMAIS PILARES DA DIVERSIDADE 69

Capítulo 5 – O ETARISMO NO MUNDO DO TRABALHO 75

Capítulo 6 – GERAÇÕES: VALE A PENA ROTULAR? 87

Capítulo 7 – SAÚDE E ETARISMO: AFINAL, O QUE É O TAL DO "ENVELHECIMENTO ATIVO"? 97

Capítulo 8 – O ETARISMO NA PUBLICIDADE E PROPAGANDA 105

Capítulo 9 – O ETARISMO NO CINEMA, NO STREAMING, NAS NOVELAS E NAS REDES SOCIAIS 111

Capítulo 10 – O ETARISMO NO MUNDO DA MODA 121

Capítulo 11 – O ETARISMO NOS ESPORTES 127

Capítulo 12 – UMA CONVERSINHA RÁPIDA SOBRE O ETARISMO E O "MERCADO PRATEADO" 135

Capítulo 13 – ALGUNS DEPOIMENTOS DE QUEM FOI VÍTIMA DE ETARISMO. 145

Capítulo 14 – ALGUMAS INDICAÇÕES PARA VOCÊ 159

Agradecimentos 165

*Dedico este livro a você,
que está comigo nessa luta contra o etarismo.*

Você, que sabe que é uma potencial vítima desse terrível preconceito.

Você, que não fica de braços cruzados diante das injustiças.

*Você, que sente um incômodo com os números injustos
da diversidade dentro das organizações.*

É você que eu convido para pavimentar comigo um novo caminho!

Quantos anos tenho?

Tenho os anos em que os sonhos começam a trocar carinhos com os dedos e as ilusões se transformam em esperança.

Tenho os anos em que o amor, às vezes, é uma chama louca, ansiosa para se consumir no fogo de uma paixão desejada.
E em outras, uma corrente de paz, como um entardecer na praia.

Quantos anos eu tenho?
Não preciso de números para marcar, pois meus anseios alcançados, as lágrimas que derramei pelo caminho, ao ver meus sonhos destruídos... Valem muito mais que isso.

Não importa se faço vinte, quarenta ou sessenta!
O que importa é a idade que eu sinto.

Tenho os anos de que preciso para viver livre e sem medos.
Para seguir sem medo pelo caminho, pois levo comigo a experiência adquirida e a força de meus anseios.

Quantos anos tenho? Isso não importa a ninguém!
Tenho os anos necessários para perder o medo e fazer o que quero e sinto.

José Saramago

PREFÁCIO

Minha primeira reação, quando Fran Winandy me convidou para escrever este prefácio, foi entrar na internet e ver o quanto os termos "etarismo" ou "idadismo" aparecem nas redes aqui no Brasil, em quais contextos, e também verificar se havia publicações nessa área.

Essa pesquisa só fez confirmar a relevância e a urgência deste livro, porque minha busca mostrou claramente quão distantes estamos de entender a dor e a delícia, como diz aquele 60+ chamado Caetano Veloso, de envelhecer no Brasil: seu seguro saúde aumenta abusivamente, as empresas realizam demissões compulsórias, entre outras perversidades.

A boa notícia: esse mesmo público 60+ é conectado, experiente e se dá conta de que sabe se mobilizar a fim de conquistar melhores condições para envelhecer com dignidade.

Bem, envelhecer é um direito que deve ser assegurado!

Sim, se "os 60 são os novos 40!", bora fazer uso de todo esse poder mobilizador, para mudar as referências que existem sobre o envelhecer como "a melhor idade", porque isso, em muitos aspectos, é *fake news* e também evidência dos preconceitos que cercam o ato de envelhecer e a população 60+, conhecidos como ETARISMO ou IDADISMO.

A boa notícia? Isso tem cura, e este livro é um ótimo ponto de partida, com dados e inspiração para que ações possam ser deflagradas pela comunidade 60+, no sentido de mudar essa cultura construída em cima de "imagens de comerciais de televisão" que não representam a realidade.

Se hoje vivemos mais, é preciso unir forças para garantir que esses anos a mais sejam produtivos, dignos e, principalmente, divertidos, criativos e mobilizadores.

Porque, em dez anos, as pessoas 60+ serão mais de 50% do povo brasileiro!

E, se quisermos alcançar futuros desejáveis, não será pela "fofice", mas pelo ativismo.

Agitar hoje para transformar desejos em conquistas amanhã.

Cocriar. E se divertir fazendo isso. Botar a boca no trombone, sair às ruas, conscientizar para gerar mudança de modelo mental e comportamento a respeito do envelhecer na contemporaneidade, neste país chamado Brasil.

Bons exemplos temos de sobra, em todas as áreas. Mas é preciso ir além neste mundo complexo de hoje; é preciso MOBILIZAR pessoas, autoridades, ser verdadeiros ativistas e colocar nosso conhecimento, experiência e voz nas ruas, nos trombones, nas redes, agitar mesmo, ocupar o espaço pela causa!

Rock and roll a caminho de 100 milhões de vozes transformando sonhos em conquistas!

Porque fizemos muita história nesse mundo, abrimos muitas picadas, tocamos muitas vidas e, mais do que nunca, vamos continuar fazendo isso, só que agora com mais dados, certezas, conhecimento e muito borogodó, porque usamos o tempo e a vida para conquistar o direito de causar boas transformações.

Wellington Nogueira,
empreendedor social, ator e palhaço, estreou em 2021, orgulhosamente, no 60º ano de vida, dando-se conta de que isso é só o começo.

Vamos precisar de todo mundo
Um mais um é sempre mais que dois
Para conquistar a vida nova

Trecho da música "O sal da terra", de Beto Guedes

INTRODUÇÃO

Eu tinha 6 ou 7 anos de idade, não me lembro bem. Morávamos em Poá, uma cidade do interior de São Paulo, onde meu pai gerenciava uma fábrica de produtos têxteis chamada Brasilana. Nossa casa ficava nos fundos da fábrica, e nossa diversão era andar de bicicleta nos caminhos proibidos que havia dentro dela: sempre que tínhamos uma brecha, entrávamos às escondidas com nossas bikes, saboreando a incrível sensação de estar fazendo algo ilegal.

A minha infância foi muito boa. Brincávamos com os cachorros, andávamos de bicicleta e comíamos as frutas no pé.

Fui para a escola, o Grupo Escolar Batuíra, mais ou menos com essa idade. Nos primeiros dias de aula, brincando com as crianças no recreio, um grupo de meninos se aproximou e me perguntou por que eu tinha cabelos brancos. Eu não sabia. Aliás, nunca tinha reparado que meus cabelos eram diferentes dos outros.

Chegaram mais perto, passaram a mão neles, se afastaram e começaram a caçoar: "Velha! Velha! Ela é velha!"

Chorei, sentida. Eu tinha um problema, era diferente de todos. Me senti isolada. Todos os dias a história se repetia. Em casa, demorei a contar para a minha mãe o motivo da minha tristeza. Antes, aproveitei um descuido dela, peguei a tesoura e, trancada no quarto, cortei o máximo que pude daquele cabelo que me envergonhava tanto. Eu não queria ser velha.

~୧୧୨୨~

O momento que descrevi foi possivelmente o meu primeiro contato negativo com a questão da velhice. Até então o convívio esporádico, mas intenso, com meus avós que moravam na Bélgica, especialmente a minha avó materna, só me trazia boas recordações: eu via os idosos como pessoas boas, divertidas e amorosas. Ainda assim, era clara a distância dos anos entre nós. Ver-me como idosa precoce foi um choque que demorei a digerir.

Não pensei mais no assunto, até quando, no início da minha vida profissional, fui responsável pela estruturação de um programa de preparação para a aposentadoria no banco em que eu trabalhava, onde a aposentadoria era compulsória. Novamente me deparei com um lado difícil da velhice: o momento em que as pessoas eram colocadas à margem da sociedade, obrigadas a sair do mercado de trabalho e, literalmente, voltar para seus aposentos. Melhorar aquele momento se tornou uma obsessão para mim. Não era justo que aquelas pessoas tivessem que parar tudo e esperar a morte chegar. Eu precisava mostrar a elas que existia uma vida possível e interessante além do banco.

Mas eu enfrentava o preconceito do outro lado, afinal, eu tinha um terço da idade das pessoas que iriam se aposentar, e poucas delas levavam o meu empenho e trabalho a sério. Senti esse problema de falta de credibilidade por ser jovem demais em vários outros momentos da minha carreira, em função do meu rápido desenvolvimento profissional, mas só entendi que isso era preconceito mais tarde, quando estudei o assunto.

Ao longo da minha trajetória na área de recursos humanos, pude acompanhar manifestações diversas das empresas contra pessoas mais velhas e perdi a conta das vezes em que questionei essa postura, mas eu ainda enxergava o problema como sendo do outro, alguém muito longe de mim.

Por volta dos 45 anos, tive um primeiro *insight* importante: eu queria mudar uma coisa no meu corpo, mas me considerava velha para uma cirurgia estética. Foi a primeira vez que tive um vislumbre do meu próprio preconceito. Eu trabalhava, tinha uma boa condição financeira, era bem-sucedida profissionalmente, mas meu discurso não batia com aquilo que eu carregava dentro de mim: eu era uma mulher madura que ainda não tinha amadurecido.

Dizem que o amadurecimento se dá por meio do autoconhecimento, e, de repente, a "rainha das avaliações comportamentais" percebeu que não se conhecia de verdade. Sim, eu sabia que era independente, extrovertida, criativa, intuitiva, questionadora e que adorava mudanças. Fiz mapa astral, análise grafológica, MBTI, DISC, *Quantum* e uma infinidade de testes e inventários comportamentais, mas nada disso me preparou para a transformação trazida pela menopausa e a proximidade dos 50 anos. A ação desse turbilhão inesperado trouxe revelações de difícil assimilação e um primeiro contato com os meus próprios preconceitos e com a imagem daquilo que eu não pretendia ser no futuro.

Mas, afinal, quais eram os meus medos? Eles ainda não estavam claros para mim. Decidi colocá-los na mesa, para organizar meus pensamentos e planejar o que eu faria com essa bagagem dali para a frente.

O primeiro confronto trouxe a questão física. Sim, meu conceito de beleza estava preso ao meu entendimento de juventude.

Fui uma jovem bonita e tenho consciência de que isso me abriu (e fechou) muitas portas. Como continuar me achando bonita na maturidade, com rugas e cabelos brancos? Como cuidar da minha aparência sem exagerar?

Defini um plano de ação envolvendo cuidados diversos relacionados à minha aparência: eu faria o possível para "envelhecer bem", cuidando do veículo que transporta a minha alma. Mas admito: o preconceito continuava lá, já que a noção de envelhecer bem, para mim, seria fazer o possível para minimizar rugas, flacidez e cabelos brancos, afastando tudo que poderia ser relacionado à velhice.

Em minhas pesquisas sobre envelhecimento saudável, fui compreendendo que ações preventivas seriam uma forma de amenizar meus medos: eu teria que fazer o possível para me preparar para o futuro, envolvendo questões de mente, corpo e espiritualidade.

Foi também perto dos 50 anos que decidi mudar a minha trajetória. Estava cansada de fazer a mesma coisa havia muito tempo, e o mestrado foi um meio para aprofundar essa reflexão e pensar nos possíveis caminhos.

Decidi então me especializar e trabalhar com diversidade etária e etarismo. Mas por que etarismo?

Como contei anteriormente, a questão do preconceito etário me acompanhou ao longo da minha carreira. Eu não sabia nomear o problema, mas ele me incomodava.

Quando fiz o mestrado, descobri que havia um pilar da diversidade pouco trabalhado no Brasil: o pilar etário. Além disso, percebi que em muitos países o etarismo vinha sendo debatido e combatido, especialmente no mercado de trabalho. Foi aí que "caiu a ficha" (como diriam os "antigos", da minha época) e descobri o meu "ikigai".

Ikigai é um conceito japonês que ensina que, para sermos felizes, precisamos definir uma razão de ser e agir de acordo com ela. É uma intersecção de missão, paixão, talento e profissão, ou seja, a ideia de ser pago para fazer o que você ama fazer e sabe fazer muito bem, de modo a deixar um legado. Era aquilo que eu queria fazer dali para a frente: trabalhar para combater o etarismo.

Etarismo é o preconceito de idade. O ato de discriminar uma pessoa ou um grupo de pessoas em função de sua idade cronológica.

Alguns chamam esse preconceito de ageísmo; outros, de idadismo. Preconceito etário, preconceito de idade ou velhofobia, quando o preconceito é específico contra idosos. Eu gosto do termo etarismo, por sua abrangência (jovens e idosos) e suas raízes decorrentes do adjetivo "etário" – que diz respeito à idade ou que é característico da idade. Usarei esse termo no decorrer do livro, mas você pode escolher o que mais lhe agradar.

Ao longo deste livro, apresentarei alguns exercícios que poderão ajudar você a refletir sobre seus medos e preconceitos. Faça os exercícios em um caderno, ou, se preferir, abra uma pasta em seu computador, tablet ou celular, mas não deixe de fazê-los! Quando nossos pensamentos são expressos em palavras escritas, a ação fica mais próxima e, com ela, vem a transformação.

Espero com este livro iniciar um movimento de transformação social. Ou, pelo menos, participar dele! Nossa conversa será num tom bastante informal, pois esta não é uma publicação acadêmica, embora eu aponte pesquisas e dados para quem quiser se aprofundar no assunto.

Se quiser comunicar-se comigo, enviar suas impressões, críticas, elogios ou sugestões, meu e-mail é fran@acalantis.com.br. Se o assunto for de seu interesse, siga meu Blog, www.etarismo.com.br, e meu perfil no LinkedIn, Fran Winandy, em que estou também à disposição para contatos relativos a projetos, trabalhos e palestras.

BEM-VINDO À MINHA LUTA: #CONTRAOETARISMO

①

A IDADE E O NOSSO MEDO DE ENVELHECER

Devia ter amado mais, ter chorado mais, ter visto o sol nascer.
Devia ter arriscado mais, e até errado mais,
ter feito o que eu queria fazer...

Trecho da música "Epitáfio", de Sérgio Britto (Titãs)

QUANTOS ANOS VOCÊ TERIA SE NÃO SOUBESSE A IDADE QUE TEM?

50 anos: essa é a idade da Maria desde quinta-feira passada, mas ela preferiu não comemorar. Aliás, ela não comentou isso com ninguém. Maria não está feliz. Bonita, corpo atlético, pele bem-cuidada, cabelos tingidos, ninguém imagina a idade que ela tem. Talvez 38, 40? Independente, trabalha muito, ama sair com os amigos e viajar. A idade ela não conta, nem sob tortura. Ninguém sabe e, se depender dela, ninguém vai saber.

O envelhecimento é um tema *tabu* em nossa sociedade. As pessoas evitam o assunto, como se falar sobre a velhice trouxesse junto o envelhecimento em si.

A idade cronológica, com a qual Maria se preocupa, serve de indicador para um conjunto de mudanças físicas e comportamentais esperadas em nosso ciclo de vida, porém ela não é capaz de abranger toda a complexidade que o conceito envolve. É como o nosso peso: temos que considerar altura, índice de massa magra, gordura e, por que não, idade.

Nos dias de hoje, um cidadão brasileiro de 50 anos pode ser comparado com um cidadão brasileiro que tinha 50 anos na década de 1930? Esse é o tipo de questão analisada pelos demógrafos, que avaliam os indicadores relacionados à expectativa de vida em determinada época e tempo histórico. É fato que estamos chegando mais jovens aos 50 anos do que nossos pais ou avós chegaram, mas será que eles foram tratados assim? Será que eles sofreram algum tipo de preconceito por ter cruzado a linha dos 50?

Na área de gerontologia, a análise da idade sob as perspectivas biológica, social e psicológica se entrelaça em uma tentativa de compreensão desse complexo conceito.

Nesse contexto, a idade biológica é percebida como alterações decorrentes do tempo, comuns a todos os membros de uma espécie e à idade social relacionada ao grau de adequação de uma pessoa aos comportamentos esperados socialmente para a sua idade cronológica.

Em geral, as pessoas procuram corresponder à expectativa social em relação ao comportamento apropriado para a sua idade. Porém, essas expectativas variam em função das condições culturais, econômicas e sociais. Isso significa que a expectativa sociodemográfica referente a uma pessoa que reside em uma grande capital urbana brasileira é diferente daquela encontrada, por exemplo, em uma comunidade agrícola do interior da China em relação a alguém da sua idade.

Por último, existe a concepção de *idade subjetiva*, tratada pela psicologia, ou *identidade etária* – em uma abordagem sociológica bastante parecida. Tentando descomplicar o tema, a *idade subjetiva* refere-se às experiências internas de cada um com relação à sua idade cronológica e ao seu processo de envelhecimento. Isso envolve o reconhecimento e a comparação em relação a papéis, normas sociais e condições físicas esperadas.

A essa altura, você pode estar se perguntando: como eu me descrevo e me classifico, e com base em que critérios?

É cada vez mais comum ouvirmos pessoas dizerem "não me sinto com cinquenta anos". Uma afirmação como essa tem a ver com a maneira como as pessoas se descrevem, como elas se classificam e com que critérios elas o fazem. Em outras palavras, esse questionamento foge de uma visão objetiva da idade.

A *idade subjetiva* ajuda a compreender as incongruências entre a imagem que temos de nós e a que os outros têm. Ela faz com que o indivíduo tenha a impressão de vivenciar uma idade diferente de sua idade cronológica real.

Estudos[1] sobre o tema demonstram que essa discrepância é um mecanismo adaptativo e não de defesa ou negação do envelhecimento, como se acreditava, pois ela ocorre ao longo da vida, com parâmetros opostos nas diferentes fases: é comum pessoas jovens se descreverem com *idades subjetivas* acima de sua idade real, e pessoas mais velhas se caracterizarem com *idades subjetivas* abaixo da sua.

Ainda de acordo com esses estudos, muitas pessoas mais velhas não se identificam com o seu grupo etário e acreditam ser exceção. Além disso, a partir dos 40 anos, temos tendência a nos descrever, em média, com idade 20% abaixo da nossa.

Acredita-se que a *idade subjetiva* seja um indicador mais complexo do que a simples opinião sobre sentir-se velho ou jovem. A idade subjetiva parece ter, de fato, consequências sobre o processo de envelhecimento, e talvez a mais instigante seja o fato de que sentir-se jovem faz com que as pessoas se comportem como se efetivamente rejuvenescessem. Isso compensa as implicações negativas do etarismo, aumentando os níveis de satisfação com a vida e a longevidade. Talvez seja essa a primeira dica para quem pretende implantar algum programa ligado ao assunto.

> *Pense na pergunta de abertura deste capítulo: se você não soubesse a sua idade, quantos anos acharia que tem? Anote a sua idade cronológica real e, ao lado, aquela que você acharia que tem caso não soubesse. Reflita sobre a discrepância. Escreva três características que o aproximam e três características que o afastam dos rótulos esperados para alguém com a sua idade.*

---

1 RUBIN, D. C.; BERNTSEN, D. People over forty feel 20% younger than their age: subjective age across the lifespan. Psychonomic Bulletin & Review, v. 13, n. 5, p. 776-780, 2006.

Para finalizar, releia e pense no que o aflige com relação à sua idade e anote. Para cada situação descrita, procure um antídoto e, se houver, aplique-o. Você pode colocar coisas superficiais ou profundas, não importa. Por exemplo, se você considera a sua dificuldade em perder peso um problema que pode estar relacionado à sua idade, em vez de se martirizar com isso, pense nas possíveis formas de solucioná-lo, como, por exemplo, agendar uma consulta com um endocrinologista, um nutrólogo ou nutricionista, revisar seus hábitos alimentares, montar um plano de exercícios físicos ou matricular-se em uma academia. Estabeleça prazos. Elaborar um plano de ação será útil para livrar você da ansiedade por considerar que tem um problema e não está tomando nenhuma atitude para resolvê-lo.

POR QUE TEMOS MEDO DE ENVELHECER?

O nome dela é Maricy, e desde pequena o seu sonho era ser professora. Mas o sonho parecia distante para ela, moradora de uma pequena cidade do interior do Amazonas, a quase 600 quilômetros de Manaus. Com 57 anos, após cursar uma faculdade na região e ser designada para dar aulas para crianças e jovens indígenas de uma aldeia local, Maricy foi convidada para participar de uma reportagem e ilustrar a capa de um importante veículo da mídia brasileira. Como boa parte das mulheres de sua idade, sentiu-se insegura com a sua aparência e com a impressão que sua imagem poderia causar às pessoas: Maricy não está feliz com suas rugas e cabelos brancos.

~ellee~

A questão acima, por si só, daria um livro, ou até uma coletânea. Ao longo da história encontram-se inúmeros relatos da busca pela fonte da juventude, cujas águas teriam poderes rejuvenescedores ou milagrosos. Referências sobre águas milagrosas aparecem já no livro de Heródoto (século IV a.C.), na Bíblia e nas histórias de Alexandre, o Grande, porém a procura por uma fonte de águas curativas e rejuvenescedoras aparece claramente nos relatos das expedições do explorador espanhol Juan Ponce de Léon, que empreendeu, sem sucesso, no ano de 1513, uma longa viagem para encontrá-la.

Nos dias de hoje, cientistas de diversos países e universidades renomadas trabalham no assunto. O mesmo faz a indústria, que investe fortunas em pesquisas direcionadas a encontrar maneiras de refrear o envelhecimento ou revertê-lo. Esse tema parece estar diretamente ligado à sexualidade, já que mulheres velhas são consideradas assexuadas: a indústria da moda já não se interessa por elas, os homens também não. Vivemos em uma sociedade na qual "não é de bom tom" perguntar a idade para uma mulher, como se ela tivesse o controle sobre o fluxo do tempo. Isso explica a atitude de muitas mulheres que escondem a idade, em uma tentativa de parecer mais jovens.

Tinturas de cabelo, procedimentos estéticos, como aplicação de toxina botulínica, preenchimentos, medicamentos, cirurgias, cremes antirrugas, produtos de combate ao envelhecimento: as inovações são constantes e alimentam uma indústria milionária, que não para de crescer.

No setor de cosméticos, empresas realizam pesquisas para descobrir por que determinados genes agem de forma diferente em algumas mulheres. Cientistas esperam compreender diferenças na produção de antioxidantes e fatores relacionados ao envelhecimento, com o objetivo de modificar vias metabólicas ou bioquímicas para que uma pele "normal" se comporte como "excepcional".

Um estudo liderado pela professora de dermatologia Alexa Kimball, da Faculdade de Medicina de Harvard, para uma marca de cosméticos, anunciou em 2015 a descoberta da impressão digital genética de mulheres cuja pele parece não envelhecer. Outra empresa do setor concluiu que a falta de sono seria uma das grandes causas de aparecimento de sinais de envelhecimento precoce.

A indústria de alimentos conduz também muitos estudos sobre o tema, especialmente com os alimentos funcionais – pesquisas científicas e aplicações tecnológicas voltadas a eles permitiram o lançamento de produtos que conquistaram lugar na dieta dos consumidores, graças ao acréscimo de ingredientes que alegam trazer benefícios específicos para a saúde. Uma pesquisa de 2007 da Health Focus, realizada em trinta países, mostra que 44% dos consumidores brasileiros das classes A e B escolhem seus alimentos com base na relação que eles têm com a saúde, sendo esse um dos maiores índices da América Latina.

O combate ao Alzheimer também passaria pela compreensão de fatores metabólicos, que podem ser reequilibrados por meio da ingestão de vitaminas, eliminação do glúten da dieta e mudanças no estilo de vida[2]. Nos Estados Unidos, a Diagnostics Acelerator – com o apoio da Alzheimer's Drug Discovery Foundation, em parceria com Bill Gates, Leonard A. Lauder, a família Dolby, a Fundação Charles e Helen Schwab, Jeff Bezos e MacKenzie Bezos, The Association for Frontotemporal Degeneration, entre outros – adota uma nova abordagem, que reúne capital filantrópico com uma mentalidade de risco, para apresentar estudos, pesquisas e ideias para um diagnóstico mais fácil, preciso e precoce do mal de Alzheimer e demências relacionadas, aproximando cientistas de médicos, pacientes e sociedade.

Estudos apontam para o controle e até a reversão de infecções, diabetes, cardiopatias, entre outras doenças que nos aproximam da morte, com uma mudança de hábitos alimentares[3] combinada com um rastreamento preciso por meio de exames preventivos. Vale enfatizar que atualmente as doenças cardíacas são responsáveis pelo maior número de mortes no mundo.

Voltada para o bem-estar, a indústria farmacêutica também tem se empenhado na busca de soluções para o combate ao envelhecimento e para a conquista da longevidade. Pílulas para rejuvenescer, como o Innéov, resultado de pesquisas das gigantes Nestlé e L'Oreal; Viagra, lançado pelo laboratório Pfizer, hoje com inúmeros concorrentes, para disfunção erétil; medicamentos que combatem a calvície;

---

2 BREDESEN, Dale E. *O fim do Alzheimer*. Objetiva, 2018.
3 GREGER, M.; STONE, G. *Comer para não morrer*. Intrínseca, 2018.

implantes hormonais que ajudam no combate à flacidez, prometendo devolver o vigor de adolescentes a mulheres maduras; e assim por diante. As pesquisas não param, em uma perspectiva bilionária de encontrar soluções para uma vida longeva e saudável.

As pessoas não querem envelhecer. Pior: não querem parecer velhas. Pessoas envelhecidas têm mais dificuldade para encontrar trabalho. Pessoas velhas tornam-se invisíveis em nossa sociedade, indesejáveis, e por isso a aparência torna-se fundamental nessa batalha.

A preocupação com a aparência da idade é tão grande, que já se criou um termo para esse incômodo – *age shaming* é o nome dado para a vergonha de envelhecer, fenômeno que afeta a saúde física e mental das pessoas, especialmente das mulheres. A pressão sociocultural sobre elas está relacionada à manutenção de sua aparência física, ao contrário dos homens, preocupados em manter sua aparência emocional: para serem aceitas, as mulheres não podem ser feias; homens não podem demonstrar fragilidade.

Em uma sociedade na qual o jovem é supervalorizado, há pouco lugar para o velho. E menos lugar para a velha. Envelhecer ou parecer velho: afinal, o que está em jogo?

Nas redes sociais, o termo *perennials* vem sendo usado com certa frequência por pessoas que recusam os rótulos impostos para a sua idade, assim como *ageless generation* (geração sem idade), por não se enquadrarem nas descrições tradicionais geracionais e desconsiderarem a idade como fator determinante de traços de personalidade ou estilo de vida. Aprofundaremos esses conceitos adiante, ao falarmos sobre gerações.

Vivemos um período ambíguo. Por um lado, movimentos em busca de maior liberdade e autenticidade, como o #grisalhando ou o #graypower, que incentivam as mulheres a assumir seus cabelos grisalhos e brancos; por outro, o enaltecimento da juventude como sinônimo de beleza, que coloca o Brasil entre os países campeões em número de cirurgias plásticas estéticas no mundo.

Você escreveu sobre o que o aproxima ou afasta dos rótulos preconcebidos para a sua idade. Vamos aprofundar o assunto? Reflita sobre a origem desses rótulos. De onde vieram? Quanto você acredita ou concorda com eles? Coloque a letra V ao lado dos que considera verdadeiros e a letra F ao lado dos que considera falsos. Reflita sobre o que você gostaria de mudar e anote o que irá fazer para que essa mudança ocorra. Calcule os possíveis obstáculos e as formas de superá-los. Descubra o que motiva você a persistir nessa direção.

DESCONFORTOS DO ENVELHECIMENTO

Aristóteles, na Grécia Antiga, já propunha o estudo científico do envelhecimento, mas faz pouco tempo que cientistas têm efetivamente se debruçado sobre o tema. O avanço de suas pesquisas e a avalanche de teorias demonstra que sabemos muito pouco sobre o assunto, talvez por ser o envelhecimento uma experiência relativamente nova na espécie humana.

Quanto mais a tecnologia avança, maior e mais palpável a nossa intimidade com o desconforto que nos tira do lugar natural do processo de envelhecimento e nos coloca na mira do preconceito. De repente, deparamos com nossa própria vaidade, que não se conforma com os limites, as fragilidades e as perdas com as quais temos que lidar. Temos medo da invisibilidade, de nos tornar alguém que pouco a pouco vai desaparecendo.

Se pudéssemos, escolheríamos não envelhecer. Não é de hoje que somos obcecados pela imortalidade. Mas quem imagina ser imortal e velho? Se estivesse sob nosso controle, pararíamos o processo no auge da nossa vitalidade, saúde e beleza. Mas, como já cantava Cazuza no final dos anos 1980, o tempo não para, e, quando percebemos, já nos deixamos dominar pela paranoia do envelhecimento ativo, tentando assumir o controle de algo que está fora do nosso alcance.

Gerascofobia é o termo usado para identificar o medo irracional de envelhecer. Esse pânico costuma estar relacionado com mudanças na aparência, declínio na saúde, possibilidade de dependência na velhice e medo da solidão. Possivelmente, o motivo principal, aquele que realmente nos incomoda e assusta, é a proximidade com a nossa finitude.

Temos dificuldade de lidar com finais, e a morte é o nosso *grand finale*, aquele sobre o qual evitamos pensar. Afinal, não sabemos o que vem depois, e essa talvez seja a razão da grande angústia. E tão grande quanto essa, se não maior, é o fato de não sabermos como será esse final, quanto tempo ele vai levar ou quão sofrido poderá ser.

Somos seres controladores, na essência. Mas esse controle nos escapa, por isso empurramos essas questões para debaixo de algum tapete do nosso subconsciente e procuramos esquecer.

A velhice nos aproxima disso tudo, é o luto das nossas expectativas. Ela faz com que levantemos esse tapete devagarzinho, ao mesmo tempo curiosos e aflitos para ver se o que sobrou por lá será suficiente para encararmos o desconhecido que teremos pela frente. É quando todo o nosso repertório não parece suficiente.

Envelhecer é considerar que temos pouco tempo pela frente, que talvez não dê para fazer tudo que gostaríamos, de organizar nossa partida, de deixar um legado, nos despedir direito de quem realmente importa. Dificilmente pensamos nisso, a não ser quando estamos doentes ou quando vislumbramos alguma perspectiva do nosso final.

Envelhecer é também olhar para trás e verificar se valeu a pena, se fizemos diferença na vida das pessoas: quais foram os vestígios concretos que deixamos?

Na velhice, temos a oportunidade de avaliar o mito que construímos sobre nós mesmos, de visitar com cautela esse lugar que construímos ao longo da vida.

Aqueles que não se prepararam para isso, o tal do acerto final de contas, podem ficar aflitos e arrepender-se do que fizeram e, principalmente, do que deixaram por fazer. Algumas coisas podem ser reparadas, outras não.

A médica brasileira Ana Claudia Quintana Arantes, especialista em cuidados paliativos, relata os principais arrependimentos das pessoas antes de morrer. Entre eles, nossa dificuldade em demonstrar afeto, o foco excessivo no trabalho, viver a vida de acordo com parâmetros de outras pessoas, perder amizades importantes ao longo da vida e não se permitir ser mais feliz. São lições importantes para quem ainda tem tempo de mudar.

A velhice talvez seja também o momento de pedir perdão e de perdoar-se por aquilo que não tem mais volta.

> *Você sente arrependimento por algo que fez ou deixou de fazer? Tem uma sensação de culpa quando pensa em alguém? Sofre quando pensa que poderia ter agido de forma diferente? Escrever sobre esses sentimentos pode ajudar você a se sentir melhor. Vamos tentar? Responda às questões a seguir uma a uma, com calma. Coloque primeiro o nome da pessoa que lhe traz esse sentimento de culpa. Em seguida, escreva os motivos pelos quais você sente essa culpa: foi algo que você fez ou disse e se arrepende? Foi algo que você não fez ou não disse e se arrepende? Por quê? O que poderia ser diferente se a sua atitude tivesse sido outra? O que você diria para essa pessoa hoje, se pudesse? Você pode falar isso para ela? Fazê-lo seria bom para ambos ou o peso todo é seu? Escreva uma carta para essa pessoa. Você não precisa entregá-la, embora no futuro possa, se quiser. Abra seu coração e peça perdão. Você verá como isso lhe fará bem! Tenha compaixão por você, afinal, todos erram. Se você errou e se arrepende, perdoe-se. Se puder fazer algo a respeito, faça. Se não puder, aprenda com o seu erro e siga em frente.*
>
> *Envelhecer demanda amadurecimento. Talvez a tentativa de acreditar que o processo seja fácil o dificulte. A perspectiva da finitude, o mistério, a incerteza, o vazio. Será que é isso que nos dá medo? Ou estará nossa inquietação no temor de que a nossa morte comece muito antes do fim, de perdermos a capacidade de interagir, de sentir prazer?*

A VELHICE COMO DOENÇA

Cientistas internacionais pesquisam seriamente a imortalidade, ou melhor, a "amortalidade" ou "não mortalidade" por envelhecimento, já que, segundo eles, a palavra "imortalidade" não cabe, pois na prática nada pode ser completamente imortal, mas, segundo eles, o envelhecimento pode ser revertido.

Antes de ler o livro de Cordeiro e Wood[4], eu acreditava que esse tema fosse apenas alvo de filmes e livros de ficção, e não um assunto digno de estudos científicos. Para eles, a questão não é se isso será possível, mas quando. E a previsão para a *morte da morte* é o ano de 2045, quando estarei com 82 anos de idade. Espero presenciar esse momento, talvez o maior sonho da humanidade, previsto pelo futurista estadunidense Ray Kurzweil[5]. Segundo ele, a partir de 2029, para cada ano de vida, ganharemos outro. Será?

Alguns cientistas afirmam que o envelhecimento é uma doença passível de cura, em oposição ao dogma tradicional que afirma ser o envelhecimento um processo natural da vida do ser humano. Alegam que doenças de antigamente já não são mais classificadas como tal, como, por exemplo, a homossexualidade, considerada doença até 1974. De acordo com os pesquisadores internacionais Bulterijs, Björk, Hull e Roy, a vantagem de pensar dessa forma é trazer maiores esforços médicos de pesquisa e investimentos para o combate às condições indesejáveis associadas à velhice, permitindo que as pessoas permaneçam saudáveis pelo maior tempo possível.

---

4 WOOD, D.; CORDEIRO, J. L. *A morte da morte*. LVM, 2019.

5 Ray Kurzweil é pensador, inventor e visionário. Membro do National Inventors Hall of Fame e ganhador da National Medal of Technology, entre muitas outras homenagens, é autor de *A era das máquinas espirituais*, *The 10% solution for healthy life* e *The age of intelligent machines*.

Enquanto eu finalizava este livro, a Organização Mundial da Saúde (OMS) decidiu incluir o termo velhice na nova edição da Classificação Estatística Internacional de Doenças e Problemas Relacionados à Saúde (CID 11), decisão que iria vigorar a partir de janeiro de 2022. Essa decisão parecia confrontar as considerações trazidas pelo último relatório de 2020, realizado pela própria OMS em colaboração com várias agências da Organização das Nações Unidas (ONU), o qual conclui que uma a cada duas pessoas no mundo faz discriminação em função da idade e traz recomendações para o combate ao etarismo. O *frisson* causado na mídia e nas redes sociais esperava conter essa resolução, apontando para um aumento do nível de etarismo diante dessa decisão: de potencial consumidor, o idoso passaria ao *status* de doente. Como isso poderia ser bom?

A OMS se defendeu, afirmando que a inclusão do código não significava classificar a velhice como doença, mas sim reconhecer que a morte por motivo de velhice poderia ocorrer e que, para tais casos, o médico poderia utilizar esse código. O receio da comunidade médica e de boa parte da sociedade, incomodada com a classificação, é o de que essa utilização não fosse tão parcimoniosa e que terminasse sendo utilizada com frequência, encobrindo motivos reais, como cardiopatias, diabetes e outras doenças. Além disso, já existe um código para senilidade, utilizado em alguns desses casos.

Outros argumentos contra a medida foram a existência de diferentes marcadores etários para o início da velhice em países diversos (60 anos no Brasil, 65 anos em Portugal, 75 anos na Itália e assim por diante), o que nos tornaria "doentes" antes de boa parte dos europeus. Além disso, a medida parecia contraditória diante das recomendações da própria OMS para a década do envelhecimento saudável, de 2020 a 2030, visando diminuir o etarismo no mundo. Se passássemos a ser considerados doentes ao cruzar a fronteira da velhice, a tendência seria um aumento de preconceito: você contrataria uma pessoa doente para a sua empresa?

Outro aspecto levantado é que o enquadramento da velhice

como doença possibilitaria à indústria do antienvelhecimento justificar tratamentos, intervenções e procedimentos, e às empresas de assistência médica considerar determinadas situações como comorbidades em função da condição principal – velhice.

A favor, alguns cientistas, pesquisadores e investidores da área argumentaram que as principais doenças crônicas, degenerativas e demências estão na mira das pessoas mais ricas e inteligentes do mundo. É o caso de Bill Gates, que financia pesquisas para prevenção e combate ao mal de Alzheimer, doença que, como muitas outras, geralmente é associada à idade.

Para Sergey Young, investidor na área de longevidade, olhar o envelhecimento como doença e, como tal, procurar revertê-lo significa investir contra todas as doenças relacionadas ao envelhecimento de uma só vez. Além disso, o fato de a OMS reconhecer o envelhecimento como fator de risco para doenças representaria um passo importante para superar obstáculos regulatórios e abrir caminhos para um influxo de verbas para prevenção e tratamentos. Young cita, em um de seus artigos no LinkedIn, o pesquisador de Harvard David Sinclair, favorável à medida da OMS, por considerar que esta impulsionará a fabricação de medicamentos para combater a doença mais comum do mundo: o envelhecimento.

Os cientistas José Luis Cordeiro (mestre em Engenharia Mecânica pelo MIT, com MBA pelo INSEAD e doutor pela Universidade Simón Bolívar) e David Wood (mestre em Matemática pela Universidade de Cambridge e doutor honorário em Ciência pela Universidade de Westminster) consideram que a cada dia, em todo o mundo, morrem cerca de 100 mil pessoas por causa de doenças relacionadas ao envelhecimento e que isso poderia ser evitado. Coloquei as credenciais para reforçar a credibilidade dos pesquisadores e autores do livro *A morte da morte*, que, sem a formação que têm, dificilmente seriam levados a sério com tais afirmações.

O debate é polêmico, mas, a meu ver, ambos os lados apresentaram argumentos interessantes, e o fato de jogar luzes sobre o assunto já é um aspecto extremamente positivo dessa disputa. Ainda assim, não consigo conceber a velhice como doença. O encerramento dessa polêmica deu-se em dezembro de 2021, quando a Organização Mundial da Saúde desistiu de classificar a velhice como doença na nova versão do CID 11, que entrou em vigor em janeiro do ano seguinte.

MATURIDADE

Refletir sobre a velhice é pensar sobre a passagem do tempo, seus rastros, suas marcas. Avaliar nossas conquistas, nossa história, nosso legado.

A maturidade não acompanha necessariamente a idade. Costumamos usar o termo "pessoas maduras" ou "profissionais maduros" como categorização para pessoas que já possuem bagagem de vida e repertório profissional. Porém a maturidade vai além. Envolve certa sabedoria, discernimento, ponderação, sensatez: uma espécie de plenitude intelectual que provavelmente nem todos conseguirão alcançar.

Com a maturidade, os bens materiais vão perdendo o valor. Nossa paciência com coisas pequenas e pessoas que não somam se esvai. Valorizamos o tempo que temos pela frente, queremos mais qualidade, não estamos mais tão preocupados com a opinião alheia, sentimentos tão bem descritos no maravilhoso poema, "Minha alma está em brisa", que um amigo me enviou e que circula pela internet, sem autoria definida:

> *Contei meus anos e descobri que tenho menos tempo para viver a partir daqui do que o que eu vivi até agora.*
>
> *Eu me sinto como aquela criança que ganhou um pacote de doces.*
>
> *O primeiro, comeu com prazer, mas, quando percebeu que havia poucos, começou a saboreá-los profundamente.*
>
> *Já não tenho tempo para reuniões intermináveis, em que são discutidos estatutos, regras, procedimentos e regulamentos internos, sabendo que nada será alcançado.*
>
> *Não tenho mais tempo para apoiar pessoas absurdas, que, apesar da idade cronológica, não cresceram.*

Meu tempo é muito curto para discutir títulos. Eu quero a essência, minha alma está com pressa, sem muitos doces no pacote.

Quero viver ao lado de pessoas humanas, muito humanas. Que sabem rir dos seus erros. Que não ficam inchadas com seus triunfos. Que não se consideram eleitas antes do tempo. Que não ficam longe de suas responsabilidades. Que defendem a dignidade humana.

E querem andar do lado da verdade e da honestidade. O essencial é o que faz a vida valer a pena.

Quero cercar-me de pessoas que sabem tocar os corações das pessoas. Pessoas a quem os golpes da vida ensinaram a crescer com toques suaves na alma.

Sim, estou com pressa. Estou com pressa para viver com a intensidade que só a maturidade pode dar.

Eu pretendo não desperdiçar nenhum dos doces que eu tenha ou ganhe. Tenho certeza de que eles serão mais requintados do que os que comi até agora.

Meu objetivo é chegar ao fim satisfeito e em paz com meus entes queridos e com a minha consciência.

Nós temos duas vidas, e a segunda começa quando você percebe que só tem uma.

② RAÍZES DO ETARISMO

"Ela era tão velha que parou de ter ruga, não havia mais espaço no rosto para o tanto de tempo que já passou."

Pequena Coreografia do Adeus, Aline Bei

AFINAL, O QUE SÃO OS ESTEREÓTIPOS QUE TANTO NOS ATRAPALHAM NA VELHICE?

Luciana trabalha como analista de seleção em uma empresa multinacional. A vaga de coordenador de remuneração tem sido uma pedra em seu sapato, pois não consegue encontrar alguém com o nível de experiência que atenda às expectativas do gerente da área, um jovem talento proveniente do programa de trainees *da companhia. Em face das dificuldades, decidiu abrir uma exceção e avaliar currículos de candidatos mais velhos: até uns 40 anos, em vez dos 30 estipulados. Ao analisar o material, percebeu que tomara a decisão correta: agora conseguiria os três finalistas para o processo. Mas, antes de indicá-los, teria que pensar em uma estratégia para convencer o gerente de que aquelas pessoas não teriam dificuldade em lidar com o sistema da empresa nem em trabalhar com um gestor mais novo que eles. Talvez o ideal fosse tirar a idade dos currículos e deixar para tocar nesse assunto depois que ele os entrevistasse, já que os candidatos selecionados não aparentavam fisicamente ter a idade que têm.*

Estereótipo é uma generalização que fazemos de um grupo a partir das similaridades que percebemos. Essas imagens mentais simplificadas não são necessariamente negativas, pois nos ajudam a homogeneizar um grupo perante outro.

No caso do envelhecimento, os estereótipos mais comuns são negativos e dão origem ao preconceito e à discriminação. Por isso, dizemos que os estereótipos são as raízes do etarismo.

Vários estudos internacionais identificam os estereótipos relacionados aos idosos. Um deles, realizado pela Universidade de Montreal em 2014, apontou 14 estereótipos, entre os quais a falta de disponibilidade na socialização, saúde frágil, aparência ruim, falta de preocupação com a higiene pessoal e maior incidência de problemas financeiros. Outros estudos apontam também para a perda de memória, declínio da agilidade física e mental, perda de audição, dificuldades de aprendizado e de lidar com tecnologias.

A partir de que momento nos transformamos nessa pessoa feia, lenta, surda e esquecida?

O assunto se complica quando vemos quem são as pessoas que acreditam nesse declínio generalizado: crianças, adultos e os próprios maduros e idosos, incluindo aí muitos profissionais da área da saúde, que deveriam lutar contra esses estereótipos, tratados como "verdades engraçadas das quais não temos como escapar". Com isso, há o crescimento e a perpetuação do preconceito, causando estresse e ansiedade a todos que começam a ter a percepção do envelhecimento quando tomam consciência da deterioração da sua aparência.

Pior do que ser velho, em nossa sociedade, é parecer velho. Mas será que a aparência da velhice é igual para todos?

Embora não seja politicamente correta, é parte do senso comum a frase "não existe mulher feia, existe mulher pobre", referindo-se aos custos dos procedimentos estéticos para que as mulheres possam tratar questões relacionadas aos padrões de beleza vigentes.

Com a velhice, as coisas não são muito diferentes, pois os produtos e procedimentos antienvelhecimento (*anti-aging*) têm alto custo financeiro e não estão ao alcance de todos. Dessa forma, pessoas de classes sociais mais privilegiadas podem ter maior acesso e, com isso, talvez consigam ter uma pele com menos rugas, cabelos bem tratados e até menos flacidez tissular do que o esperado para a idade.

O sucesso de algumas celebridades idosas nas redes sociais

e na mídia atesta esse fenômeno, mostrando, na maior parte dos casos, imagens desprovidas de algum sinal da passagem do tempo. Recente matéria na revista *Veja* sobre a maturidade trouxe como modelos para representar a mulher de 50 anos as atrizes Claudia Raia, Jennifer Aniston, Julia Roberts e Jennifer Lopes, todas com aparência muito mais jovem do que a da idade real. Novamente, a nossa cultura centrada na juventude tenta nos moldar a padrões de beleza pouco realistas, especialmente para as mulheres de baixa renda.

Considere que todos têm um crítico interno. Aquela voz que nos censura quando queremos fazer algo que talvez não seja considerado apropriado para a nossa idade: usar uma roupa mais curta, no caso das mulheres, tingir os cabelos, no caso dos homens, entre outras coisas "censuráveis" para a nossa idade. A voz que tenta nos manter seguros, evitando que façamos papel de bobos ou algo ridículo. Reflita sobre isso e escreva as coisas que você gostaria de fazer, mas tem vergonha. Escreva sem censura e deixe para reler dentro de uns dias. Depois retome e veja se essa autocensura faz sentido. Reflita se, entre as coisas listadas, você realmente não poderia se arriscar a fazer algumas. Faça um plano de ação e comemore a alegria de se libertar de padrões que aprisionam você.

Agora vamos pensar no mundo organizacional. Como é a absorção de pessoas maduras no mercado de trabalho? Será que os estereótipos são os mesmos? Por que, aos 35 anos, alguns profissionais já são considerados velhos para as organizações?

Áreas mais resistentes à absorção de profissionais maduros em geral são aquelas ligadas à tecnologia, como *games*, redes sociais, tecnologia da informação e afins, seguidas pelas áreas de publicidade e propaganda, eventos e todas aquelas em que a aparência pessoal seja considerada um pré-requisito. Isso se deve aos maiores estereótipos negativos relacionados à idade, que são as dificuldades cognitivas, de aprendizado, aliadas às dificuldades de lidar com tecnologia e à aparência propriamente dita, que associa beleza a juventude.

Vivemos em uma sociedade que hipervaloriza o novo e faz com que as pessoas precisem manter a aparência de juventude *ad eternum*. Temos que fazer uma parada para reflexão e retomar o nosso caderninho de anotações.

> *Vamos refletir sobre alguns aspectos comuns no mundo das organizações. Por que vendedoras precisam ter boa aparência? Afinal, o que significa boa aparência? Você deixaria de comprar um produto ou serviço por causa da aparência do(a) vendedor(a)? A presença de mulheres lindas e sensuais em eventos, como "Salão do Automóvel", sempre me intrigou. Alguém realmente acredita que a aparência da moça que demonstra o produto interfere na compra dele? Será que conceitos machistas como esse ainda fazem sentido? Tente lembrar-se de outros dogmas semelhantes sem sentido do ambiente corporativo, anote e, se puder, mande para mim: fran@acalantis.com.br.*

Pessoas com mais de 50 anos são apelidadas de "imigrantes digitais", "analógicas" ou, ainda, "naturalizados digitais", já que vivenciaram o surgimento de computadores e da internet e tiveram que aprender a utilizar a tecnologia em seu dia a dia. Na cabeça de quem tem o preconceito, se o profissional não teve uma alfabetização digital, não vai conseguir aprender; portanto, a equação está resolvida e a barreira dificilmente poderá ser transposta.

Acreditar nessas "falsas verdades" faz com que não haja preocupação com formas de saná-las ou atitudes preventivas, de ambos os lados. Empresas não se dedicam a desenhar políticas e práticas de inclusão de pessoas maduras e, por sua vez, pessoas maduras desistem de tentar aprender. Assim, a crença acaba provocando a concretização de algo que não deveria acontecer, num ciclo vicioso que alimenta os estereótipos negativos relacionados ao envelhecimento.

A boa notícia é que existem formas de neutralizar esse processo. Pesquisas demonstram que, assim como os estereótipos negativos podem ter efeitos ruins sobre a saúde mental e física dos idosos, estereótipos e visões positivas sobre o processo de envelhecimento podem neutralizar isso. Para tanto, temos que desmistificar tais aspectos negativos e promover um ambiente de inclusão nas empresas, na família e na sociedade.

> *Anote todas as coisas boas que lhe vêm à mente ao pensar no envelhecimento. Quais são as coisas boas que podemos associar à velhice? O que você pode fazer para promover uma visão positiva sobre o processo de envelhecimento? Como você pode ajudar a desmistificar os aspectos negativos ligados a ele? Quando você vai começar? Qual será o seu primeiro passo nessa direção?*

TRISTE ÉPOCA, EM QUE É MAIS FÁCIL DESINTEGRAR UM ÁTOMO DO QUE UM PRECONCEITO...

Imagine there's no heaven
It's easy if you try
No hell below us
Above us only sky
Imagine all the people living for today
Imagine there's no countries
It isn't hard to do
Nothing to kill or die for
And no religion too
Imagine all the people living life in peace, you
You may say I'm a dreamer
But I'm not the only one
I hope someday you'll join us
And the world will be as one
Imagine no possessions
I wonder if you can
No need for greed or hunger
A brotherhood of man
[...]

"Imagine", John Lennon

Imagine um mundo sem preconceitos, em que todas as pessoas se respeitem, independentemente de sexo, cor, raça, idade ou religião. Parece muito simples e lógico, não?

O problema, segundo Daniel Katz[6], é que preconceitos não se norteiam pela lógica: são baseados em valores pessoais, como crenças religiosas ou valores morais básicos. Tentar mudá-los significa contestar esses valores. Portanto, o preconceito traz junto um componente afetivo negativo relacionado a uma crença, e isso desperta uma atitude hostil para com uma pessoa pelo simples fato de ser membro de um grupo, em geral desvalorizado socialmente.

A compreensão relacionada a atitudes sobre pessoas mais velhas deveria começar pela certeza de que essas percepções incluirão uma visão sobre nós e sobre os outros. Quando fazemos julgamentos baseados na idade de uma pessoa, estamos inferindo que ela não faz parte de nosso grupo. Porém, fazemos parte de vários grupos, e a idade talvez não seja uma categoria a ser avaliada sozinha, em função de sua complexidade.

Todo preconceito depende do "outro", o que significa enxergar um grupo de pessoas além de nós mesmos: outra etnia, outra religião, outra nacionalidade e assim por diante. Se refletirmos um pouco sobre esse "outro" no caso da idade, talvez a estranheza venha do fato de que esse outro possivelmente seremos nós, no futuro.

Serão iguais as oportunidades para idosos brancos e negros, com maior ou menor poder aquisitivo, com ou sem instrução, com ou sem uma boa saúde? Sabemos a resposta. As intersecções são praticamente infinitas, pois podemos alterar uma ou mais categorias, com resultados diversos: idosos brancos, com alto poder aquisitivo, alto nível de instrução, boa saúde, judeus, *versus* idosos brancos com baixo poder aquisitivo, baixo nível de instrução, boa

---

6 Daniel Katz foi um psicólogo norte-americano, especialista em organizações, professor da Universidade de Michigan.

saúde e católicos. Ou idosas brancas, heterossexuais, refugiadas, com alto nível de instrução e baixo poder aquisitivo, *versus* idosas brancas, LGBTQIA+, com alto nível de instrução e alto poder aquisitivo. Ou simplesmente idosos brancos *versus* idosos negros.

Reflita por um instante sobre quantas pessoas negras acima de 50 anos você conhece que desempenham cargos de liderança em organizações no Brasil. Estamos falando de um país com 56% da população negra e cerca de 25% da população com mais de 50 anos. Uma dica importante que aprofundaremos no decorrer deste livro: o preconceito de idade dificilmente pode ser analisado *per si*.

Arraigadas em nosso tecido social, já sabemos que as raízes do preconceito estão nos estereótipos. Por sua vez, seu motor encontra-se no julgamento realizado com alta carga afetiva. No caso do etarismo, e especificamente no preconceito relacionado a idosos, o âmago da questão seria: "Eu não gosto de velhos".

No entanto, vale ressaltar que preconceito é diferente de discriminação. Dizer que não gosta de velhos e não fazer nada acerca disso caracteriza preconceito. Afirmar, porém, que não gosta de pessoas velhas e, por essa razão, impedir a contratação de pessoas com mais de 60 anos caracteriza discriminação, uma vez que esse julgamento subjetivo prejudica um grupo específico de pessoas.

Perceber as nuances entre os termos *preconceito* e *discriminação* não é fácil, já que o senso comum jogou tudo no mesmo balaio. Além disso, me apropriando de uma fala de Djamila Ribeiro[7], em seu *Pequeno manual antirracista*, não podemos combater o que não tem nome e, por isso, devemos nomear as opressões: enxergar e reconhecer o etarismo é o começo da luta para combatê-lo.

Refletir sobre seus sentimentos e atitudes em relação ao envelhecimento, ou sobre sua inércia no tocante ao tema, é

---

7 Djamila Taís Ribeiro dos Santos é filósofa, feminista, negra, escritora e acadêmica brasileira.

um exercício interessante na procura de seus reais sentimentos quanto ao assunto para poder fazer algo a respeito. Sim, porque sempre haverá algo a fazer, mesmo que não haja preconceito. A discriminação é corriqueira em nosso tecido social, e cabe a cada um de nós ser um ativista nessa causa, que, se não hoje, um dia será nossa.

> Liste seus sentimentos e atitudes em relação ao envelhecimento e coloque o sinal + (mais) quando for bom ou - (menos) quando for ruim. Analise se houve prevalência de um lado ou de outro e tente compreender os motivos que o levaram a apontar coisas ruins. Avalie como você poderia transformar os sinais negativos em positivos. Escreva! Quer ver o seu grau de etarismo? Faça gratuitamente o IDR Labs Ageism Test, baseado em pesquisas dos psicólogos Katie Cherry e Erdman Palmore, em parceria com a Iniciativa Nacional para o Cuidado do Idoso e a Universidade de Toronto, Canadá. Link para o teste: https://www.idrlabs.com/ageism/test.php.
>
> A Universidade de Harvard também disponibiliza um instrumento gratuito de avaliação (Teste IAT). O teste pode ser realizado em inglês, por meio deste link: https://implicit.harvard.edu/implicit/Study?tid=-1.

ETARISMO, UM NOVO NOME PARA UM VELHO PRECONCEITO

O conceito de etarismo já foi delineado ao longo destes capítulos iniciais e será assunto deste livro sob vários ângulos. O termo foi cunhado pelo geriatra norte-americano Robert Butler no final dos anos 1960, em decorrência de seus estudos sobre o envelhecimento, para definir uma forma de intolerância relacionada à idade, com conotações semelhantes às de "racismo" e "sexismo". Por essa razão, o termo tem a terminação "*ism*" (utilizada em expressões da língua inglesa que denotam discriminação: *age + ism, ageism*).

Ao pesquisarmos as origens desse preconceito, encontramos relatos em diversas culturas, como no caso dos esquimós, que deixavam os idosos morrerem de frio dentro de um iglu ou sobre um trenó ao ar livre, e algumas tribos mais pobres e selvagens na Índia, que teriam o costume de matar os seus idosos. O fato é que nas sociedades ocidentais a velhice costuma ser associada a um declínio econômico e de saúde, um binômio difícil de ser invejado.

As sociedades orientais têm um olhar diferente sobre o envelhecimento, embora na atualidade existam algumas semelhanças com o mundo ocidental, trazidas pelo advento da tecnologia, com a consequente perda do papel de detentores de conhecimento por parte dos mais velhos.

O etarismo permanece, com a diferença de que agora há um desconforto em relação ao assunto e certa mobilização social em curso. Porém, basta olharmos para as revistas de moda, editoriais, propagandas e mídia de uma forma mais ampla para perceber que a juventude ainda é retratada como sinônimo de beleza.

No setor de saúde, mantém-se a falta de empatia para com os idosos, tratados muitas vezes como incapazes ou infantilizados, especialmente quando acompanhados por um adulto mais jovem em consultas ou atendimentos.

Nas empresas, permanecem as barreiras de entrada e os atalhos para facilitar a sua saída, antes que fiquem velhos demais para produzir: são as barreiras invisíveis de seleção e as políticas de aposentadoria compulsória. Acrescentam-se a isso os cortes[8] de pessoas mais velhas, com o pretexto de reduzir custos ou "oxigenar" a estrutura, com posterior contratação de pessoas mais jovens para os mesmos cargos.

Uma viagem pelo mundo atesta, ainda, a prevalência do preconceito, mesmo em sociedades orientais, em que o senso comum diria que ele não existe, talvez por ser menos gritante do que nas culturas mais individualistas, capitalistas ou simplesmente ocidentais. O pesquisador Egidio Dórea[9], em seu livro *Idadismo*, relata estudos realizados na China, Japão, Hong Kong, Tailândia, Turquia e Israel, que apontam para um aumento de práticas discriminatórias contra idosos em função do aumento da longevidade, com o consequente encarecimento nos encargos de saúde. Nada diferente do que ocorre aqui.

---

8 HANASHIRO, D. M. M.; PEREIRA, M. F. M. W. M. O etarismo no local de trabalho: evidências de práticas de "saneamento" de trabalhadores mais velhos. *Revista Gestão Organizacional*, v. 13, n. 2, p. 188-206, 2020.

9 DÓREA, E. L. *Idadismo*: um mal universal pouco percebido. Unisinos, 2021.

DIFERENTES FORMAS DE ETARISMO

Eu me chamo Martha, tenho 81 anos e tenho me sentido triste ultimamente. Desde a morte do Zé, meu companheiro de uma vida, as pessoas me tratam diferente, como se eu não fosse capaz de cuidar da minha vida. Sou agora obrigada a ter uma funcionária no meu pé dia e noite, que insiste em controlar meus horários e me tratar como uma criança. Não posso mais tomar uma tacinha de vinho quando tenho vontade, nem comer as coisas que gosto, como batatas fritas, doces ou coisas que consideram nefastas para a minha saúde. Os filmes e séries que gosto de assistir à noite já não são permitidos, porque, vejam só, agora eu tenho horário para ir dormir! Nem ao jornal eu posso assistir, porque as notícias são muito violentas para mim. Minha memória não anda muito boa, assim como minhas pernas, mas quando vou ao médico ele não se preocupa em me perguntar as coisas: parece que a minha filha vive dentro do meu corpo e conhece todos os meus sintomas! E essa tristeza só aumenta: eu queria muito ir embora logo daqui para encontrar o meu Zé!

Pequenas e frequentes situações cotidianas, aparentemente inofensivas, são, na verdade, claras expressões de etarismo. Quando você conversa com um idoso num tom pausado e mais alto do que o normal, porque pressupõe que ele não irá ouvir ou compreender o que diz, você está sendo um etarista benevolente.

Os exemplos dessas ações veladas de etarismo se multiplicam no dia a dia. Quando omite situações que lhe parecem mais agressivas ou realistas demais para não chocar o idoso, você novamente está sendo etarista benevolente, como diz Martha no relato, proibida agora de assistir ao noticiário na televisão.

Esses exemplos, pequenos gestos corriqueiros, são úteis para mostrar que o etarismo não acontece necessariamente por mal. Quando se infantiliza um idoso, parte-se do princípio de que ele não tem discernimento, que o seu nível de compreensão não é bom e que ele não está apto a tomar decisões. Agir dessa forma é demonstrar o preconceito na própria ação.

Mais exemplos de etarismo benevolente?

Usar expressões no diminutivo ao dirigir-se a pessoas idosas: caminha, roupinha, comidinha, bracinho. Afinal, por que tratar o idoso como criança?

Quando se pergunta a idade de uma pessoa e se comenta que ela "está ótima para a idade" ou que "não aparenta a idade que tem" ou, ainda, "58?! Mentira! Você não parece ter mais de 40!", todos são exemplos de etarismo benevolente, tão corriqueiros e aceitos em nossa sociedade. Mas a pessoa tem a idade que tem, e parecer menos pode ser um incentivo a encobrir sua real idade, como se fosse algo vergonhoso, perpetuando o preconceito.

O etarismo benevolente, assim como qualquer tipo de crença benevolente que pode ser aplicada a outras minorias, traz significados superficialmente positivos, mas mantém as pessoas em uma posição de inferioridade, e é tão prejudicial quanto o preconceito hostil. No caso dos idosos, é uma das grandes causas de depressão.

> *Reflita sobre suas atitudes com pessoas mais velhas. Será que você não tem sido etarista sem perceber? Em caso positivo, avalie o que você pode fazer para que isso não ocorra daqui para a frente e anote, para que suas intenções se transformem em ações.*

O gerontologista norte-americano Erdman Palmore, um dos maiores estudiosos do assunto, segmentou o etarismo em duas categorias: o etarismo de motivação pessoal e o etarismo de motivação institucional. O primeiro vem das pessoas, e o segundo, das instituições ou organizações, por meio de suas políticas e práticas.

Ao analisarmos essas categorizações, percebemos que uma é consequência da outra, diferindo apenas em sua manifestação, pois o etarismo começa no nível individual e só ocorre no nível institucional, porque instituições são feitas de pessoas, e pessoas etaristas contribuem para replicar e fomentar o preconceito nas instituições e organizações, sobre o qual falaremos adiante.

O mesmo ocorre com o etarismo cultural, já que cultura é a abstração de um fenômeno dinâmico que nos cerca, moldado pelo comportamento das pessoas.

Alguns estudos demonstram que somos expostos a narrativas negativas com relação ao envelhecimento desde pequenos, associando a velhice a perdas e morte. O pesquisador Egidio Lima Dórea explica que interiorizamos esses estereótipos de forma inconsciente contra os mais velhos e nos mantemos distantes desse grupo, ao qual não queremos pertencer. Aos poucos, categorizamos, consciente e inconscientemente, os idosos por meio de estereótipos diversos e, sem perceber, passamos a ser agentes do preconceito etário, inclusive contra nós mesmos quando chegamos à fase da velhice, reproduzindo comportamentos que julgamos ser esperados nessa etapa da vida.

Piadas nas quais os idosos são vistos como incapazes, teimosos ou nas quais qualquer estereótipo negativo relacionado à idade seja reproduzido são fontes perpetuadoras do preconceito e deveriam ser tratadas com o mesmo vigor com que são tratadas as manifestações de outros tipos de preconceito.

Exemplo do fenômeno descrito acima, o #okboomer foi muito usado nas redes sociais em 2019, colocando em palavras o ato de revirar os olhos, como uma ironia às falas das pessoas mais velhas e incentivando uma espécie de queda de braço entre os jovens da geração Z e os idosos da geração *baby boomer* (nascidos entre 1945 e 1964). Além disso, há os "memes"[10] criados nas redes sociais fazendo menção à dificuldade de alguns idosos de seguir as regras de respeito à quarentena durante a pandemia do novo coronavírus, em 2020.

Rotulados como "grupo de risco", independentemente de seu estado de saúde, a recomendação era de que as pessoas com mais de 60 anos permanecessem em isolamento. Porém, muitos idosos não seguiram as regras e foram retratados dessa forma nas redes sociais e destratados nas ruas, por pessoas que, aos gritos, ordenavam que voltassem para casa. Gestos como esses escancararam o preconceito até então latente em nossa sociedade.

Em 2021, um vídeo denominado "Responsável", do grupo de humor "Porta dos Fundos"[11], retratou uma mulher de 57 anos como uma idosa incapaz. O material trouxe à tona diversos estereótipos negativos relacionados ao envelhecimento e gerou um grande debate nas redes sociais e na mídia, principalmente por causa de um depoimento inflamado da jornalista Cris Guerra[12], que viralizou nas redes sociais.

Uma mudança de paradigma faz-se urgente e necessária. No entanto, ela envolve uma visão positiva sobre o envelhecimento, que só pode ser obtida com a normalização do relacionamento intergeracional de jovens e idosos ao longo da vida. Além disso, a representação do idoso deve ser ampliada e retratada em toda a sua diversidade, especialmente pelos meios de comunicação, em razão do poder de influência que carregam.

---

10 Na internet, a expressão "meme" é usada em referência a qualquer informação que viralize, sendo copiada ou imitada na rede. Geralmente são imagens, vídeos ou *gifs* de conteúdo engraçado que acabam se espalhando por meio das redes sociais ou fóruns.

11 Porta dos Fundos é uma produtora de vídeos de comédia veiculados na internet.

12 Cris Guerra é publicitária, jornalista e blogueira.

3

O ETARISMO AO LONGO DA VIDA DAS MULHERES

*"Dizem que mulher é sexo frágil,
mas que mentira absurda!"*

Erasmo Carlos

Ela era filha de estrangeiros, considerados liberais para a sociedade da época. O pai, engenheiro, a mãe, dona de casa, classe média alta, viviam confortavelmente no Brasil dos anos 1960. Única filha entre quatro irmãos homens, na infância ela era tratada como a princesa da casa. Se por um lado era cercada de afeto e regalias, por outro não se conformava com a quantidade de "nãos" que ouvia o dia todo pelo simples fato de ser menina, depois mulher. O carrinho que ela pediu no Natal veio para o irmão: ela, por ser menina, ganhou uma linda boneca. Na adolescência, ressentia-se de alguns comportamentos que não compreendia: só ela tinha horário para voltar das festinhas, afinal, era mulher. Faculdade de Psicologia era "faculdade espera marido", fumar andando na rua era "vulgar para uma mulher". Padrões arraigados de uma sociedade machista.

Aos 22 anos, quando foi promovida a chefe de área, era vista com desconfiança por pares e gerentes mais velhos, que estranhavam que uma mulher jovem, que ainda não havia concluído o nível superior, pudesse liderar uma equipe. Do lado pessoal, uma amiga revelou sua preocupação por ter 23 anos e "ainda estar solteira". Até então, nunca tinha atentado para isso, que uma mulher poderia ser considerada "solteirona" ou "ficar para titia" se não se casasse até os 25 anos. Achou graça, mas, coincidência ou não, casou-se aos 24. Nem bem casou, as pressões para engravidar começaram: não havia um evento social no qual o assunto passasse incólume, afinal, uma mulher "não pode ter filhos depois dos 30 anos", dizia-se na época. Ela, que trabalhava, sentia uma pressão contrária velada do outro lado, pois a licença- -maternidade atrapalha o planejamento e o andamento do trabalho. Quando decidiu mudar de emprego, essa pressão foi escancarada, e não havia uma entrevista na qual os seus planos para ser mãe não fossem discutidos abertamente com um selecionador ou gestor preocupado e desconfiado: final dos anos 1980, época em que nos exames médicos admissionais o teste de gravidez era mais um. No início dos anos 1990, nova mudança de emprego, e, antes dos 30, assumia sua primeira vaga gerencial, num universo industrial em que mulheres dificilmente chegavam lá.

~~~

Essa história revela como a idade e o envelhecimento apresentam conotações diferentes para as mulheres, de acordo com o tempo e a sociedade em que vivem. Essa interseccionalidade é fundamental para compreender as manifestações do etarismo na vida das mulheres.

No mercado de trabalho, o etarismo é contundente para elas.

Quando jovens, a questão da gravidez ainda é um assunto que preocupa gestores mais tradicionais.

Quando têm filhos pequenos, o preconceito paira novamente sobre elas: será que vão dar conta? Por mais que consigam equilibrar a vida profissional com fraldas, pediatra, febres e apresentações escolares, ao primeiro sinal de interferências domésticas no trabalho, seus colegas masculinos já olham de lado e comentam entre si quanto elas são protegidas e têm privilégios na empresa, esquecendo-se das dificuldades das próprias mães, esposas ou filhas.

Mulheres gestoras tendem a encontrar mais obstáculos para equilibrar a vida pessoal e profissional se comparadas aos homens, sobretudo quando têm outras pessoas para cuidar. Elas, muitas vezes, dependem de uma reserva de outras mulheres para se dedicarem ao trabalho, pois segue sendo delas a responsabilidade da gestão da rotina do lar.

Quando finalmente os filhos crescem, as coisas parecem ficar mais calmas: geralmente elas conseguem fazer aquele sonhado curso, uma pós-graduação e até matricular-se em uma academia de ginástica, quando têm recursos para isso. Participam de cursos, palestras e vão atrás de suas conquistas. Sentem-se mais livres, querem cuidar de si.

Mas aí os pais ou sogros envelhecem, com frequência apresentando problemas de saúde. Nesses casos, a carga costuma recair novamente sobre elas, que, acostumadas com a logística doméstica, acolhem os idosos nessa nova e complexa etapa.

E os filhos, que hoje no Brasil costumam permanecer instalados na casa dos pais até os 25, 35 anos, nomeados de geração canguru, em função da dificuldade de se desvincular do conforto de que desfrutam, às vezes partem para uma "produção independente", voluntária ou não, e nem sempre têm condições de bancar financeira e emocionalmente uma família. E são novamente elas, mães, filhas e agora avós, que vão lidar com essa situação sem maiores dramas, porque já estão acostumadas a sair na frente e fazer acontecer.

Como se não bastasse, dentro das organizações o conhecimento das mulheres mais velhas não costuma ser avaliado da mesma forma em relação aos colegas do sexo masculino. Pesquisas sugerem a existência de um sistema de valores patriarcal que tende a excluir "pessoas de idade", especialmente quando estas são mulheres[13].

Assim, a preocupação estética soma-se às demais, pois a camuflagem da velhice ajuda a postergar o declínio de credibilidade associado à imagem e talvez uma eventual troca por um(a) profissional mais jovem.

---

13 SALGADO, C. D. S. Mulher idosa: a feminização da velhice. *Estudos interdisciplinares sobre o envelhecimento*, v. 4, 2002.

Enquanto a vida passa, o etarismo acontece, trazendo situações inexplicavelmente mesquinhas para todos, mas especialmente para elas, mulheres, que vão se tornando invisíveis e assexuadas na velhice, sofrendo tripla discriminação: de idade, gênero e aparência.

A atividade que recomendo a você agora é que assista a uma propaganda. Pode parecer estranho. Não sou representante dessa empresa nem dessa marca, mas a propaganda a seguir ilustra maravilhosamente bem o assunto de que tratamos neste capítulo e, por isso, acredito que será útil assistir a ela. O link é este: https://youtu.be/PrXBMh6o2ts.

O ETARISMO E A SÍNDROME DA IMPOSTORA

Ai, ai, ai! Vou entrar em cena daqui a cinco minutos e estou apavorada! Sim, fui convidada para dar essa palestra, mas isso é porque eu fiz um curso com a Luiza, que é a diretora de Recursos Humanos, e ela provavelmente não conhecia outra pessoa para vir falar desse assunto aqui hoje. Foi sorte, com certeza! Sim, sou psicóloga, mas nem fiz faculdade de primeira linha. O meu MBA foi daqueles que a gente faz durante dois dias da semana, sabe? MBA executivo. Não é propriamente um MBA. Se fiz mestrado? Claro! Mas fiz enquanto trabalhava, não consegui me dedicar em tempo integral. Foi ótimo, mas não pude fazer no exterior, porque não tinha condições financeiras. Trabalho com esse tema informalmente há uns trinta anos. Com esse nome, há seis. Sim, sou boa nisso. Tive sorte de me especializar num tema que poucos conheciam.

O relato acima mostra como a síndrome do impostor se manifesta: insegurança, medo, ansiedade, especialmente em momentos de maior exposição. O "fenômeno do impostor" foi a expressão usada pela primeira vez por Pauline Clance e Suzanne Imes, professoras de Psicologia da Georgia State University (EUA) nos anos 1970[14], para designar essa síndrome, percebida por elas

---

14 CLANCE, P. R; IMES, S. A. The imposter phenomenon in women with high performance: dynamics and therapeutic intervention. *Psychotherapy: Theory, Research and Practice*, v. 15, n. 3, p. 241, 1978.

em seus melhores alunos, que admitiam, durante o processo de *assessment*, que seu sucesso não era merecido.

A síndrome do impostor é um fenômeno que atinge não somente as mulheres, mas é mais contundente nelas, especialmente entre as mulheres de sucesso. Natalie Portman, ganhadora do Oscar de melhor atriz pelo filme *Cisne Negro*, confessou num discurso que fez em Harvard, universidade na qual se formou, que doze anos depois de sua licenciatura ainda se sentia insegura sobre seu próprio valor. Algo semelhante foi vivenciado por Jodie Foster, ao ganhar o Oscar de melhor atriz por *Os acusados*, que classificou sua vitória como um "golpe de sorte" ou talvez um engano da Academia. No Brasil, Rafaella Sanchotene Brites Andreoli, mais conhecida como Rafa Brites, apresentadora e repórter de televisão, escreveu um livro sobre o assunto, após ter vivenciado situações típicas da síndrome do impostor, no início de sua trajetória profissional.

Acreditar que o sucesso se deu devido à sorte, à simpatia, aos contatos que tem, por "estar no lugar certo, na hora certa", e assim por diante – a síndrome do impostor faz com que a pessoa sinta que é uma fraude, que não merece o sucesso que tem e que a qualquer momento descobrirão que ela não tem o valor que lhe é atribuído.

Desconheço estudos que correlacionem a síndrome do impostor ao etarismo, mas as inseguranças trazidas pelo preconceito etário certamente reforçam as possibilidades de intersecção, especialmente para as mulheres, preocupadas com os reflexos do preconceito em sua credibilidade. Relatos de mulheres maduras que atendo em programas de transição de carreira apontam para fragilidades decorrentes da ansiedade de não corresponder às expectativas que acreditam que os outros tenham delas, trazendo muitas vezes, oculta, a convicção de que são uma fraude.

O interessante é que, na maior parte das vezes, a mulher madura já tem bagagem suficiente para impor credibilidade. A insegurança vem reforçada pelo declínio em sua aparência, uma vez que a idade traz estereótipos negativos relacionados a aspectos cognitivos, e pela velocidade da comunicação digital, que parece sempre nos deixar para trás em termos de atualização.

A nossa cultura também contribui para esse fenômeno, já que somos cobradas pela capacidade de conciliar maravilhosamente bem múltiplos papéis, coisa que dificilmente conseguimos fazer. Assim, falhamos ao tentar ser a melhor mãe, a melhor dona de casa, a melhor esposa e a melhor profissional, simplesmente porque o padrão a ser atingido é impossível.

Algumas sugestões para quem quer atacar esse problema podem ser encontradas no livro *Os pensamentos secretos das mulheres de sucesso*, de Valerie Young. A autora sugere, por exemplo, que você se organize para "fazer menos", abandonar a culpa e delegar mais. O fato de *poder* fazer não significa *precisar* fazer.

> *Crie uma lista com todas as suas realizações, independentemente do porte, e ao lado de cada uma coloque os elementos que podem ter ajudado, como sorte, timing, conexões ou simpatia; em seguida, anote as ações que você tomou para tirar proveito desses fatores.*
>
> *De acordo com Valerie Young, o entendimento do papel que os fatores externos tiveram nas suas conquistas ajudará você a perceber as evidências de quão brilhante e merecedora é do sucesso que tem. Assim, conseguirá ultrapassar essa barreira insanamente alta que você mesma criou. Vamos lá? Mãos à obra!*

4

A INTERSECCIONALIDADE: O ETARISMO E OS DEMAIS PILARES DA DIVERSIDADE

"O preconceito é um fardo que confunde o passado, ameaça o futuro e torna o presente inacessível."

Maya Angelou

Interseccionalidade é o termo atribuído à soma de formas de exclusão social, conforme condições identitárias de raça, gênero, sexualidade e classe social. A experiência de uma pessoa que vive a intersecção de dois ou mais marcadores identitários é maior do que a da simples soma desses preconceitos.

A idade é o marcador que geralmente amplifica essa questão, e o envelhecimento aparece como catalisador. Por isso, dizemos que o preconceito de idade, ou etarismo, é o mais democrático dos preconceitos, já que abraça os demais pilares da diversidade: a vida é mais difícil para quem é negro e velho, LGBTQIA+ e velho, mulher e velha, pessoa com deficiência e velha, e assim por diante.

O preconceito de idade raramente opera de forma isolada[15]. Em geral, ele atua de forma cruzada com outro preconceito, como raça, gênero ou classe social. O etarismo ao longo da vida das mulheres já foi citado, sendo gênero um marcador complexo, possivelmente em função de sua amplitude.

Para a população LGBTQIA+, o etarismo se revela mais intenso entre aqueles que não têm um grupo de apoio na velhice: amigos e familiares. Colocados de lado por causa do preconceito, sofrem com a solidão, isolamento social, abandono, além de problemas de saúde, em razão da falta de cuidados preventivos.

Um estudo realizado com 144 idosos LGBTQIA+ apontou que 25% não conseguiram assumir sua orientação sexual para o médico ou profissional da saúde; 26% afirmaram que nunca iriam

---

15 FINEMAN, S. *Organizing age*. Oxford (UK): Oxford University Press, 2011.

revelar a sua orientação sexual para o seu médico; e 20% tinham receio da reação do médico caso ele descobrisse a sua identidade LGBTQIA+. Tal comportamento impossibilita tratamentos preventivos e cuidados direcionados.

O culto à beleza e à juventude, comum em nossa sociedade, é exacerbado nas comunidades LGBTQIA+, e o preconceito contra o envelhecimento é maior do que aquele que existe em outras comunidades.

Para aqueles que terminam a vida em uma instituição de longa permanência, a situação também é triste, já que a maior parte desses estabelecimentos não está preparada para lidar com essa questão ou é administrada por entidades religiosas, em que o preconceito é palpável. Assim, suas histórias são apagadas, e a "volta para o armário" acaba sendo a única saída.

Para os transexuais, a solução para serem aceitos nesses locais passa muitas vezes pela eliminação do processo de transição, com a retirada de próteses, mudança de roupas e cabelos, já que não há respeito pela sua identidade de gênero. Poucas clínicas e instituições no Brasil são abertas a esse debate, o que dificulta a instalação de práticas adequadas para o atendimento dessa faixa da população.

A ONG Eternamente Sou é uma associação sem fins lucrativos que luta pelo acolhimento e cidadania das pessoas LGBTQIA+ com mais de 50 anos, promovendo eventos, seminários, atendimento psicossocial e a inclusão dessa população na sociedade. A ONG acaba sendo a família que muitos idosos dessa população não têm.

A população transexual idosa no Brasil é rara, já que, aqui, a expectativa de vida nesse grupo não passa dos 35 anos. Por causa disso, os escassos estudos sobre o tema são internacionais. No âmbito profissional, é importante destacar o trabalho do portal de vagas Transempregos, cujo objetivo é garantir emprego e dignidade a pessoas trans, com mais de 700 empresas parceiras e um banco de dados crescente, com mais de 22.000 usuários.

A discriminação no Brasil ainda é grande, e a falta de amparo a idosos LGBTQIA+ tem levado essas pessoas para uma velhice marginalizada ou invisível. Essa população sofre o chamado "estresse de minoria", causado pela ansiedade e pelo medo antecipado de sofrer preconceito, o que contribui para quadros depressivos e suicidas, que, de acordo com a Organização Mundial da Saúde, são mais frequentes entre os idosos. O mesmo acontece com a violência, que também aumenta nessa faixa da população.

Nesse cenário de preconceitos, a velhice de pessoas negras, que compõem 48% da população idosa do país, merece grande atenção. Grupo marcado pelo racismo e por preconceitos relacionados a questões sociais e econômicas, somadas às dificuldades de acesso a serviços de saúde e empregos, sua velhice é precoce e ruim.

No Brasil, pesquisas apontam para a presença de desigualdades raciais na saúde e nas condições gerais de vida de idosos brasileiros: idosos pretos e pardos formam um grupo vulnerável e vivenciam o envelhecimento em sobreposição de riscos.

Aqui, muitos negros não chegam à terceira idade e não têm acesso ao "envelhecimento ativo", sobre o qual falaremos adiante. Idosas negras são as maiores vítimas de preconceito no mercado de trabalho. Faz-se urgente uma avaliação profunda das práticas direcionadas às pessoas idosas negras no país, a fim de diminuir as desigualdades e os preconceitos institucionalizados.

Idosos com problemas de mobilidade ou dificuldades físicas são vítimas frequentes de preconceito e discriminação. Muitas vezes, deixam de recorrer a equipamentos que poderiam facilitar a sua vida por receio de ser considerados incapazes. Assim, evitam usar dispositivos auxiliares, como bengala, andador e aparelho auditivo. Trazem dentro de si um preconceito: não querem ser comparados a uma pessoa com deficiência.

Esse preconceito atinge as pessoas com deficiência em vários momentos da vida, porque são muitas vezes definidas por sua condição, e não pelo que são como indivíduos. São raros os estudos que investigam as dificuldades de pessoas idosas com deficiência, mas sabe-se que sofrem duplamente o preconceito nessa etapa da vida: em razão da deficiência e da idade.

Em uma pesquisa informal que fiz no meu entorno, a questão do etarismo não parece ser um problema para pessoas com deficiência. Suspeito que a política de cotas no mercado de trabalho traga esse benefício para essa parcela da população, já que as empresas têm dificuldades em atender às demandas da lei. Porém, é importante que estudos específicos sejam realizados a fim de podermos atender essa parcela da população de forma assertiva.

> *Quando falamos em interseccionalidade, não podemos deixar de mencionar o "teste do pescoço". Você conhece? A ideia é que você olhe em volta, no seu entorno (vire o seu pescoço), e avalie o percentual de pessoas pertencentes a grupos minoritários que fazem parte do seu dia a dia. No seu trabalho, por exemplo, quantas pessoas há com deficiência? Quantos líderes negros? Quantos LGBTQIA+ há na sua equipe? E quantas mulheres idosas?*
>
> *Faça as contas e veja como está a representatividade na sua empresa, na sua vida. Reflita sobre o que você pode fazer para mudar esse cenário!*

5

O ETARISMO NO MUNDO DO TRABALHO

*"Não importa quantos anos você tem,
você sempre será jovem se se mantiver curioso
e continuar aprendendo coisas novas."*

Walt Disney

SECRETÁRIA BILÍNGUE

Sexo: feminino
Experiência mínima de 4 anos

Idade: até 40 anos no máximo

Instrução: superior completo ou cursando preferencialmente secretariado
Segundo idioma: fluência na língua japonesa (conversação, leitura e escrita), experiência em traduções técnicas
Nível de proficiência na língua japonesa: N1

BENEFÍCIOS

Assistência médica hospitalar (custeada pela empresa)
Refeição coletiva (refeitório da empresa)
Vale-alimentação / Vale-transporte / Auxílio-educação
Participação nos lucros ou resultados
Local de trabalho: Jundiaí - SP

Recebi o anúncio da vaga acima em março de 2021. É inacreditável que em 2021 ainda circulasse esse tipo de pedido. Inacreditável porque, além de ser ilegal especificar a idade, é lamentável que isso seja feito. Um dos argumentos que trazemos para sensibilizar a cúpula das empresas sobre as vantagens de ter maior diversidade etária dentro da organização é o benefício inerente à própria diversidade, relacionado à inovação proporcionada por diferentes perspectivas: o diálogo é sempre mais rico com olhares diferentes. Além disso, há melhoras no engajamento e na integração das equipes. Se isso não bastar, podemos lembrar que boa parte dos clientes das organizações é composta por consumidores "prateados", considerada hoje a terceira maior economia do mundo: ter o olhar de um profissional maduro para as necessidades de pessoas como ele dentro da organização pode fazer muita diferença.

Um dos estudos que comprovam essas afirmações foi realizado pelo Centro de Inovação Sesi (CIS) em Longevidade e Produtividade, com a cooperação técnica do Observatório Sistema Fiep. A pesquisa, denominada "Rotas de Diversidade e Longevidade 2035"[16], concluiu que os ambientes de trabalho com pessoas de várias faixas etárias são mais criativos e inovadores. Além disso, que há um incremento na produtividade e nos resultados.

A existência de uma legislação para combater a discriminação no mercado de trabalho não significa que ela não exista, e o anúncio que abriu este capítulo é uma prova concreta disso. Em geral existem vestígios, dificilmente provas. Portanto, um anúncio como esse, que aparece com certa frequência em nossos grupos de RH (sim, por incrível que pareça, eles circulam por lá!), merece algum tipo de atitude, e a minha foi enviar um e-mail para o gestor de recursos humanos responsável por ele, após convidá-lo, sem sucesso, a fazer parte da minha rede no LinkedIn:

> *Bom dia, N.*
>
> *Tudo bem?*
>
> *Meu nome é Fran Winandy, sou especialista em Diversidade Etária e ativista no assunto Etarismo, que é o preconceito de idade, o mais democrático dos preconceitos.*

---

16 Disponível em: http://longevidade.ind.br/wp-content/uploads/2020/06/Rota_Diversidade_Longevidade_Livro.pdf.

Meu e-mail é porque, como profissional de RH, recebi sua demanda de vaga por uma secretária bilíngue com no máximo 40 anos. Confesso que tive vontade de postar o material no meu feed do LinkedIn, pois acho lamentável que nos dias de hoje ainda circule esse tipo de anúncio. Há uma lei que proíbe isso e eu poderia denunciar você e sua empresa. Mas, mais do que isso, é triste ver que uma empresa que tem consumidores mais velhos discrimine profissionais maduros em seus quadros.

Optei por uma abordagem educativa, em vez do que chamamos hoje de "cancelamento". Peço que você acesse o meu blog (www.etarismo.com.br) e se aprofunde no assunto, aprenda e compreenda que, se hoje esse preconceito não te afeta, possivelmente você será vítima dele amanhã. Portanto, faça algo contra isso agora, quando você ainda pode atuar como agente de mudança. Convidei você a fazer parte da minha rede no LinkedIn para que acompanhe nossos trabalhos em prol da Diversidade Etária nas organizações: temos feito muitos avanços!

Espero que você não se chateie com o meu e-mail: a intenção foi a melhor possível!

Atenciosamente,
Fran Winandy

Não é de hoje que o etarismo impregna o tecido de nossas organizações. Em 2006, duas pesquisadoras norte-americanas, Perry e Parlamis[17], conduziram uma revisão internacional da literatura

---

17 PERRY, E. L.; PARLAMIS, J. D. Age and ageism in organizations: a review and consideration of national culture. In: KONRAD, A. M.; PRASAD, P.; PRINGLE, J. K. (Eds.). Handbook of workplace diversity. London: Sage, 2006.

e perceberam que os estereótipos relacionados a trabalhadores mais velhos eram semelhantes em vários países. De acordo com as pesquisas, em quase todas as localidades, eles são percebidos como mais estáveis e confiáveis, porém mais lentos, menos adaptáveis, com mais dificuldades de aprendizado e treinamento.

As análises dessas pesquisadoras foram bastante interessantes, pois focaram três tendências marcantes sobre estereótipos de idade.

A primeira, com foco nos estereótipos ligados à cultura de um país, ou seja, como os estereótipos de idade variam de um país para outro, com achados muito semelhantes. Percebe-se a contemporaneidade dos estereótipos encontrados quando analisamos pesquisas recentes sobre o assunto: trabalhadores mais velhos continuam sendo vistos da mesma forma do que o apontado pelas autoras em 2006 – em síntese, menos competentes do que trabalhadores mais jovens.

A segunda linha de pesquisa trouxe a dimensão econômica para a análise, ou seja, como os fatores econômicos poderiam interferir no grau de etarismo dentro das organizações. Questões como nível salarial, despesas com assistência médica e retorno sobre o investimento foram objetos de análise. Esses aspectos ainda costumam ser grandes entraves na inserção de profissionais maduros no ambiente de trabalho, como discutiremos adiante.

Por fim, a terceira linha de estudo explorou os efeitos de fatores contextuais sobre as atitudes relacionadas a trabalhadores mais velhos e estereótipos relacionados a eles, como setor da empresa, porte, presença de política de diversidade, entre outros. Elas descobriram que apenas um fator organizacional, a existência de uma política de diversidade etária, era responsável pela diminuição do etarismo nas organizações, aspecto que, infelizmente, ainda é pouco frequente, especialmente no Brasil, onde o tema começa a ser debatido.

Associada à ausência de políticas de diversidade etária, percebemos a fragilidade no tratamento da gestão de idade nas empresas, a inexistência de indicadores de gestão etária e o despreparo das lideranças para lidar com a gestão da idade.

A idade traz expectativas sobre o tipo de comportamento esperado para as pessoas, submetendo-as a normas que nem sempre acompanham as mudanças sociais na velocidade em que elas ocorrem. Um exemplo disso é o fato de uma pessoa de 50 anos ser considerada velha por boa parte das organizações, quando muitas vezes ela encontra-se em seu auge profissional. Assim, quando um jovem é promovido a uma posição de gestão, é considerado alguém de alto potencial; quando um profissional maduro é cogitado para a mesma função, dúvidas sobre sua capacidade são levantadas, como se as contribuições esperadas pelas pessoas fossem definidas em função de sua idade.

De acordo com Barbara Lawrence, professora da Universidade da Califórnia em Los Angeles, nos Estados Unidos, o papel desempenhado pela idade em uma organização depende mais das crenças das pessoas sobre a idade do que da idade em si, e as normas de idade justificam o hábito de se adotar um critério etário sem questionamentos, reforçando os estereótipos vigentes. Portanto, se a sua organização costuma ter como idade média para gestores a faixa de 35 anos, ou outra qualquer, esse critério pode ser justificado pelas normas de idade de sua empresa. Cabe a você questionar esse critério, que possivelmente não tem nenhuma explicação lógica e certamente é uma das causas de etarismo na empresa.

As normas de idade aparecem como grande causa de etarismo nas organizações, já que determinam a idade ideal para a ocupação de cargos, o que resulta em entraves em fases diversas nos processos organizacionais.

No Brasil, onde investigações relacionadas ao tema ainda são aceitáveis, tem sido comum o fato de profissionais maduros ocultarem a data de nascimento no currículo, numa tentativa de passar para a fase de seleção, na qual acreditam ser capazes de neutralizar os vieses etaristas do entrevistador. Infelizmente, boa parte dos selecionadores é bastante jovem e traz consigo inúmeros estereótipos negativos relacionados à idade, inviabilizando a continuidade do processo seletivo.

> *Se você tivesse que contratar uma pessoa para a sua equipe e tivesse duas finalistas com excelentes currículos, a primeira com 58 anos e a segunda com 30, qual delas contrataria? Será que você não teria dúvidas sobre a capacidade de aprendizado, velocidade e desenvoltura com tecnologia da candidata mais velha? Reflita se isso já não aconteceu na sua vida profissional e tente analisar como poderia mudar esse comportamento. Anote os insights que tiver!*

Entre os estereótipos negativos mais frequentes que alimentam o etarismo nas organizações estão as supostas dificuldades cognitivas, bloqueios com tecnologia e falta de flexibilidade. Quando se relaciona idade com capacidade cognitiva, a crença é a de que, com a idade, perdemos a habilidade de aprender coisas novas. A capacidade cognitiva envolve atenção, memória, lógica, raciocínio, processamento auditivo e visual. Estudos mostram que o declínio está ligado à exposição a fatores de risco cardiovasculares, má alimentação e sedentarismo, o que pode ocorrer em qualquer fase da vida.

A falta de desenvoltura com a tecnologia é outra suposição relacionada a pessoas maduras. Com a quarentena imposta pela pandemia do novo coronavírus, esse tabu vem sendo quebrado, já que ferramentas informáticas e redes sociais vêm sendo utilizadas por pessoas de todas as idades, que, confinadas, aprenderam a lidar com tecnologias diversas. Esse, aliás, é um aspecto que veio para derrubar a crença anterior, da dificuldade de aprendizagem dos "maduros".

A falta de flexibilidade ou a teimosia das pessoas idosas é também um estereótipo comum. Existem jovens e idosos teimosos e pouco flexíveis. Essa é uma característica pessoal, que não está relacionada com a idade.

Outra associação comum em empresas é a ideia de que talento esteja ligado à juventude. Prova disso são os inúmeros programas de desenvolvimento de jovens talentos que acontecem nas organizações. Desconheço a existência de um programa de desenvolvimento de velhos talentos. Fica aqui a disruptiva sugestão de criar um programa de talentos prateados!

A questão da remuneração também costuma ser desculpa para empresas que não querem contratar profissionais 50+. O argumento é que os salários dessas pessoas são altos demais. Efetivamente, profissionais que tiveram uma trajetória ascendente em organizações têm esse reflexo na remuneração, e é bastante injusto que tenham que abrir mão disso simplesmente por atingir determinada idade. Porém, diante das dificuldades de encontrar uma oportunidade de trabalho, muitos profissionais mais velhos aceitam ter uma redução salarial. Nessa fase da vida, a possibilidade de sentir-se útil, o convívio com outras pessoas e desafios interessantes são mais valorizados do que a questão salarial.

Ainda sobre a questão salarial, a possibilidade de contratação fora do esquema CLT e de uma jornada flexível, com menor carga horária, seria uma forma de viabilizar a contratação de profissionais 50+. Empresas poderiam ser mais criativas em seus formatos de contratação, gerando oportunidades a todos e colocando o discurso da diversidade em ação.

O último grande tabu relacionado à contratação de profissionais 50+ está relacionado à saúde. Na verdade, são duas coisas diferentes ligadas ao mesmo assunto: quão saudável a pessoa está e o custo do convênio médico.

Com relação à saúde em si, é fato que os idosos de hoje são diferentes dos "idosos de antigamente". Hoje as pessoas mais velhas se cuidam mais, fazem exercícios e procuram ter uma alimentação saudável. Por isso, o risco de uma pessoa idosa ter problemas de saúde é similar ao de uma pessoa de meia-idade.

Os custos com a assistência médica são realmente altos, e esse é um tema que deveria ser objeto de interferência governamental. Enquanto isso não acontece, os benefícios para a empresa por ter um profissional sênior ultrapassam essa questão. Além do mais, muitos profissionais maduros têm seu próprio convênio médico e estão dispostos a abrir mão desse benefício, já que não querem correr o risco de perder as carências que já cumpriram. A sugestão é que a empresa forneça um auxílio em dinheiro, para que possam arcar com um plano pessoal ou utilizar como ajuda de custo no que já possuem.

Pesquisas mostram que o etarismo está também presente em processos voltados para treinamento e desenvolvimento: profissionais mais experientes não costumam ser chamados para treinamentos ou reciclagens, o que acaba contribuindo para que sejam vistos como menos atualizados do que deveriam.

Um aspecto a ser considerado é que o retorno do investimento em treinamento aplicado a trabalhadores mais velhos não é baixo, pois a probabilidade de eles deixarem a empresa é menor, conforme atestam as pesquisas[18]. Além disso, o *lifelong learning* também é responsabilidade da organização.

O mesmo ocorre quanto à possibilidade de transferência ou promoção. Em muitos casos, essas pessoas nem são consideradas, especialmente do gênero feminino, porque alguém supõe que não terão disponibilidade ou mobilidade, sem que haja nenhum tipo de consulta ou avaliação mais profunda.

Um dos poucos processos em que existe uma política relacionada à idade do funcionário nas organizações é a aposentadoria compulsória, processo que torna obrigatória a saída do profissional quando este atinge determinada idade, sob o

---

18 POSTHUMA, R. A.; WAGSTAFF, M. F.; CAMPION, M. A. Age stereotypes and workplace age discrimination. *The Oxford handbook of work and aging*, p. 298, 2012.

pretexto de "oxigenação" da estrutura, similar à prática do corte de pessoas mais velhas[19].

Os estereótipos e normas de idade operam para que trabalhadores mais velhos enfrentem a barreira do teto grisalho nas organizações, limite que os torna ultrapassados e muito velhos para aprender novas habilidades e acompanhar as demandas da organização. Cabe ressaltar que para a mulher a idade é mais um fator discriminativo, além do gênero e da aparência, conforme apontado por Granleese e Sayer.

As abordagens com foco na perspectiva da expectativa de vida[20] e do ciclo de vida que concebem o envelhecimento como um processo contínuo ao longo da vida trazem um olhar mais completo e personalizado sobre o envelhecimento das pessoas dentro da organização, e talvez o seu uso seja mais adequado que o da tradicional categorização geracional, da qual falaremos adiante. O modelo clássico de ciclo de vida vem sendo transformado ao longo dos anos, e áreas antes estanques, com claras definições entre as fases de educação, trabalho e aposentadoria, começam a fundir-se, traduzindo novas tendências e gerando novas demandas.

O envelhecimento populacional no Brasil está em ritmo acelerado: baixa fecundidade, baixa mortalidade e preponderância de idosos. Esse novo paradigma demográfico, associado às consequências das mudanças no sistema previdenciário brasileiro, traz um duplo desafio para as organizações: a necessidade de reter empregados mais velhos em seus quadros e lidar com a pressão de contratar pessoas mais velhas, produtivas e capacitadas. Paradoxalmente, o etarismo direcionado a trabalhadores

---

19 HANASHIRO, D. M. M.; PEREIRA, M. F. M. W. M. O etarismo no local de trabalho: evidências de práticas de "saneamento" de trabalhadores mais velhos. *Revista Gestão Organizacional*, v. 13, n. 2, p. 188-206, 2020.

20 RUDOLPH, C. W.; ZACHER, H. Considering generations from a lifespan developmental. *Work, Aging and Retirement*, v. 3, n. 2, p. 113-129, 2017.

mais velhos persiste em nossas organizações e na sociedade. Em estudo com 138 profissionais brasileiros de RH, Cepellos et al.[21] concluíram que, embora os gestores acreditem que os mais velhos apresentem atributos positivos, como produtividade, confiabilidade, comprometimento e pontualidade, na maioria das vezes as empresas não possuem uma postura proativa na contratação de profissionais maduros ou que estejam próximos da idade de se aposentar.

Como, então, minimizar os problemas relativos ao etarismo nas organizações? Uma alternativa seria a revisão do desenho organizacional, com foco na diversidade etária e em programas de valorização interna para funcionários de todas as idades, com investimentos na aprendizagem ao longo da vida (*lifelong learning*). Além disso, incentivos governamentais para diminuir gastos com encargos e benefícios, aliados a políticas públicas que favorecessem a entrada de pessoas mais velhas nas empresas, bem como sua permanência. Outras ações para maximizar as oportunidades de populações em envelhecimento seriam a flexibilidade nos horários de trabalho, além de oportunidades de requalificação.

---

21 Disponível em: http://www.anpad.org.br/admin/pdf/2013_EnGPR129.pdf.

6

GERAÇÕES: VALE A PENA ROTULAR?

"Não existe uma geração melhor do que a outra, apenas diferentes experiências e contextos que moldam suas visões de mundo."

Autor desconhecido

A ideia de geração que utilizamos nas organizações é uma construção social que pode ser entendida como grupo de pessoas nascidas num determinado ano ou período de tempo, e que teriam um padrão de valores e uma forma particular de ver o mundo. Nessa concepção, cada indivíduo faz parte de uma única geração, embora participe de diferentes grupos etários no decorrer da vida.

Cada geração teria, portanto, suas fronteiras estabelecidas entre duas datas, com características próprias. As fronteiras divergem, especialmente se compararmos estudos brasileiros e internacionais, mas o fato é que essa classificação traz ideias estereotipadas acerca dos comportamentos das pessoas.

Os veteranos seriam os primeiros a puxar a fila dos marcadores geracionais, nascidos antes e durante a Segunda Guerra Mundial. Em seguida, os nascidos no pós-guerra até meados da década de 60, os *baby boomers*. A geração seguinte é a X, que, na Europa e nos Estados Unidos, vai até o final dos anos 1970, mas no Brasil persiste até o início da década de 1980, quando cede lugar à geração Y, ou *millennials*. A geração Z surge em meados dos anos 1990, em torno de 1995/1996, e a geração Alpha em torno de 2010.

A classificação geracional pode ser útil para uma organização desenhar estratégias de diversidade etária em um nível macro, especialmente no tocante a programas de treinamento e desenvolvimento, já que cada geração apresenta algumas peculiaridades, especialmente na forma de adquirir conhecimento. É importante salientar, porém, que as pessoas são diferentes, mesmo fazendo parte da mesma geração e, por isso, nem todas serão representantes fiéis do grupo ao qual pertencem, portanto essa classificação deve ser realizada com cautela.

Os veteranos, nascidos entre 1922 e meados da Segunda Guerra Mundial, são conhecidos por ter um perfil mais tradicional, conservador, com respeito a regras e hierarquias, um reflexo do comportamento da sua época. Boa parte dessas pessoas está aposentada ou fora do mercado de trabalho. As que ainda estão ativas, embora tenham em geral pouca desenvoltura no que se refere a questões tecnológicas, seguem leais e responsáveis em seu trabalho. A falta de jogo de cintura com questões relacionadas à diversidade às vezes traz problemas para elas, que muitas vezes conservam um olhar excessivamente rígido sobre as mudanças sociais ocorridas ao longo do tempo.

No contexto geracional, é frequente que uma geração conteste dogmas da geração anterior. Foi assim com os *baby boomers*, que, cansados da rigidez dos veteranos, trouxeram características diferentes, de esperança e otimismo, possivelmente como reflexo das melhorias do cenário em que viviam. Muitos permanecem no mercado de trabalho, embora o etarismo seja um problema para eles, considerados velhos em nossa sociedade. Para esses indivíduos, a estabilidade profissional é importante, bem como o respeito à hierarquia e a possibilidade de desenvolvimento profissional dentro da organização. Com seu pensamento linear, costumam preferir modelos de aprendizagem tradicionais, com começo, meio e fim. Tendem a se sentir mais seguros como empregados do que como empreendedores e, por isso, muitos entram em depressão com a falta de oportunidades profissionais.

A geração X surge em meados dos anos 1960, com um perfil mais competitivo que a anterior, independente e *workaholic* (termo usado para designar pessoas "viciadas em trabalho"). Símbolos de *status* que demonstrem suas conquistas são apreciados: carros de luxo, viagens, e assim por diante. Gostam de reconhecimento e valorizam a formação acadêmica. Embora não sejam nativos digitais, adaptam-se rapidamente às novas tecnologias, valorizando a flexibilidade e o trabalho em equipe. São também vítimas frequentes do etarismo nas organizações, porém enfrentam a questão com mais desenvoltura, graças à sua característica empreendedora. Paradoxalmente, são também muitas vezes responsáveis pelo preconceito etário na empresa, já que foram muito valorizados em sua juventude e acabam reproduzindo os estereótipos que vivenciaram, tendo, por isso, dificuldades em mudar o *mindset*.

Em 2015, fui uma das coordenadoras de uma pesquisa no Brasil com 5.503 respondentes, realizada em parceria com a Universidade Presbiteriana Mackenzie, o portal Vagas.com e a Acalântis Consultoria, com o intuito de verificar a prática de etarismo nas organizações e a percepção dessa prática por profissionais com idade acima de 40 anos. Entre as conclusões do estudo, a constatação de que 55% dos respondentes haviam vivenciado situações de discriminação etária em processos seletivos, com um sentimento maior de exclusão na região Sudeste do país; além disso, 21% dos profissionais com escolaridade de nível superior ou acima haviam sido rejeitados em um ou mais treinamentos, em função de sua idade. Na outra ponta, gestores demonstraram ter a crença de que trabalhadores mais velhos têm falhas de compreensão e dificuldade de aprender novas habilidades e 23% dos diretores admitiram já ter deixado de contratar profissionais devido à idade, o que comprova a necessidade de sensibilização das lideranças para implantação de programas de diversidade etária nas organizações.

Voltando às classificações geracionais, a geração Y, também denominada *millennials*, valoriza menos a questão financeira do que a geração X. Para os *millennials*, a expectativa é que a remuneração esteja ligada a objetivos claros, e o vínculo com a empresa é determinado mais pela forma como se sentem nela do que pelo salário que recebem. São independentes e confiantes, gostam de realizar múltiplas atividades e não se preocupam muito com questões hierárquicas. Inovadores, conectados, aprendem rapidamente, preferindo conteúdos curtos, práticos e interativos. Embora desaprovem preconceitos, as pessoas da geração Y geralmente consideram as pessoas idosas lentas e pouco flexíveis. A boa notícia é que reconhecem e se dispõem a trabalhar seus vieses inconscientes para mudar esse *mindset*.

Os indivíduos da geração Z, primeiros nativos digitais, são independentes, tecnológicos e indiferentes a fronteiras geográficas. Favoráveis ao *home office* ou ao trabalho em sistema híbrido, muitas vezes sentem-se mais confortáveis trabalhando sozinhos. Quase sempre o seu ativismo digital se ofusca quando precisam se posicionar presencialmente. São os que mais valorizam a sustentabilidade e a diversidade. Autodidatas, seu consumo de informação se dá principalmente por meio de conteúdos visuais e curtos. Para eles, o aprendizado ideal acontece por meio do chamado *microlearning*, ou pílulas de conhecimento, preferencialmente com estratégias de *games*, realidade virtual e realidade aumentada. Vale lembrar que foram eles que inventaram a expressão *cringe*, para apontar situações embaraçosas, os famosos "micos" protagonizados por gerações anteriores às deles, os *millennials* incluídos.

A geração Alpha ainda não entrou no mercado de trabalho e temos poucas informações sobre ela, porém acredita-se que deva apresentar características semelhantes às da geração Z, ávida por novas mídias e tecnologias, além de grande preocupação com diversidade e sustentabilidade.

A integração de diferentes gerações no ambiente de trabalho representa um grande desafio para as lideranças, para as áreas de recursos humanos e de diversidade das organizações. Decodificar seus anseios para estruturar um programa eficaz é um passo importante, mas não o único.

> *Agora que você já conhece a classificação etária por gerações, reflita sobre o seu perfil e avalie se ele se encaixa na descrição. Pense agora em alguém mais velho do que você e faça o mesmo exercício mental. O entendimento entre pessoas de gerações diferentes é um desafio para as empresas, mas, se pensarmos com cuidado, veremos que é um desafio social. Não é normal pais, filhos e netos terem diferentes visões sobre a vida? Abrir-nos para a empatia e a escuta ativa em nosso dia a dia pode ampliar essa conexão. Vamos tentar?*

Não podemos encerrar essa discussão sem mencionar os movimentos contra as classificações geracionais tradicionais. Em 2016, a publicitária Gina Pell[22] lançou o conceito de *perennials*, uma mudança de *mindset*, desafiando os estereótipos tradicionais relacionados às pessoas mais velhas. *Perennials* seriam, então, pessoas que não se encaixam nos rótulos predefinidos, pois estão sempre florescendo, já que vivem e aproveitam o momento presente, têm amigos de todas as faixas etárias e procuram se atualizar nas questões relacionadas à tecnologia.

A empresa Ipsos Mori conduziu um estudo global intitulado "Os *perennials*", com o objetivo de mapear pessoas que fogem dos estereótipos tradicionais relacionados à velhice. Entre as principais descobertas, a forma como as pessoas enxergam a velhice, que muda com o decorrer dos anos: uma pessoa de 16 anos enxerga

---

22 PELL, Gina. Your obsession with millennials won't survive 2017. *Fast Company*, 26 out. 2016.

alguém de 61 como velho; para uma pessoa de 55, a velhice começa aos 72. Além disso, as pessoas não querem se identificar com a velhice, em função da predominância dos estereótipos negativos sobre ela, como fragilidade, solidão e dificuldades financeiras.

A geração *ageless*[23], ou "sem idade", é um conceito usado para definir pessoas maduras que não se identificam com os padrões preestabelecidos para essa faixa etária. São pessoas que valorizam hábitos saudáveis, com a consequente manutenção da energia e da disposição. A partir desse conceito, já surgem estudos internacionais sobre o chamado *design ageless*, com foco em tornar um produto acessível a pessoas de qualquer faixa etária e aumentar a sua durabilidade.

Outro conceito recente é o de *elastic generation*, que se refere à geração composta principalmente por *baby boomers* e liderada pelas primeiras mulheres a trabalhar fora de casa, realizar seu planejamento familiar e normatizar o divórcio. Essa geração segue ativa no mercado de trabalho e é responsável por uma boa fatia do consumo, no Brasil e no exterior.

Geração canguru é um termo originado na França para designar pessoas com idade entre 25 e 34 anos que adiam a saída da casa dos pais. De acordo com o IBGE, no Brasil cerca de 60% dessa geração é composta por homens com bom nível de escolaridade, empregados, independentes financeiramente e residentes em regiões onde o custo de vida é mais alto, como a região Sudeste. Os indicadores analisados por aqui sugerem que a opção pela permanência na casa dos pais possa estar relacionada com o prolongamento dos estudos, com a dependência emocional e acomodação a um padrão de vida que dificilmente conseguiriam sustentar. Nos Estados Unidos, o fenômeno se repete: a terceira maior companhia de seguros norte-americana (New York Life) apontou em uma pesquisa

---

23 Zhavoronkov, Alex. *The ageless generation*. St. Martin's Press, 2013.

(Caregiving and COVID-19) que, em julho de 2020, 52% dos jovens adultos moravam com um ou ambos os pais.

Por último, temos a chamada geração sanduíche, composta por pessoas na faixa dos 40 aos 60 anos, pressionadas pelas responsabilidades com os filhos e cuidados com os pais idosos. Esse fenômeno foi agravado pela pandemia, com um número recorde de filhos adultos voltando para a casa dos pais, além de pais e avós idosos precisando de novos tipos de cuidados. Assim, a geração sanduíche, acostumada a abraçar boa parte das despesas envolvidas e assumir outras responsabilidades, foi pressionada a cuidar de questões sociais, emocionais e financeiras de três gerações, quando não quatro. Neste último caso, o apelido é geração sanduíche duplo, já que cuidam também dos netos. A invisibilidade dessa geração é preocupante, pois a sua relevância é inquestionável, mas os estudos são escassos, não há apoio governamental e pouco se fala dela. O fato é que as pessoas dessa geração se encontram esgotadas, física e mentalmente.

Como vimos, parece existir uma necessidade de colocar as pessoas em "caixinhas", de acordo com a sua faixa etária. Em alguns momentos isso pode ampliar a compreensão que temos sobre elas, mas não podemos deixar que isso se transforme em uma verdade inquestionável e passar a classificar as pessoas por meio de estereótipos – somos muito mais que isso!

⑦

SAÚDE E ETARISMO: AFINAL, O QUE É O TAL DO "ENVELHECIMENTO ATIVO"?

Não me peça para lembrar,
Não tente me fazer entender,
Deixe-me descansar
E saber que você está comigo.
...Não perca a paciência comigo,
Não xingue nem maldiga meu pranto.
Não posso evitar o jeito como estou agindo.
Não dá para mudar, ainda que eu tente...

Trecho do "Poema do Alzheimer",
de autoria desconhecida

Entre as dez causas mais comuns de morte nos Estados Unidos, o mal de Alzheimer é a única para a qual não existe tratamento efetivo. Nem tratamento nem prevenção. Isso talvez explique o nosso pavor de envelhecer com tal doença, ou algum outro tipo de demência que nos deixe alienados do mundo.

Viver sem nos lembrar de quem somos, de quem fomos ou do que fizemos. Viver na dependência de outros. Perder capacidades físicas e emocionais. Ter que usar fraldas. Precisar de ajuda para tomar banho. Não lembrar quem são nossos entes queridos – existe medo maior?

Registros internacionais apontam pessoas trans que, com a demência, esqueceram-se da sua transição, levando-as a uma complexa confusão de gêneros. Um recente estudo canadense[24] expõe que uma das maiores preocupações de pessoas transgênero com a velhice é que a demência as atinja e, com isso, haja uma perda de identidade e consequentes maus-tratos.

Nosso cérebro é o mais incrível dos computadores: temos cerca de 100 bilhões de neurônios, e cada um deles apresenta cerca de 10 mil conexões ou sinapses. Quando é que corremos o risco de perder essas conexões e ter nossas lembranças apagadas? Isso continua sendo um grande mistério.

Estudos mostram que o "envelhecimento ativo" pode atrasar o início da doença de Alzheimer e diminuir seus efeitos no cérebro. Além disso, pesquisas sugerem que os idosos cuja autopercepção de envelhecimento é positiva vivem em média sete anos e meio a

---

24 Disponível em: https://cjds.uwaterloo.ca/index.php/cjds/article/view/676.

mais do que aqueles com autopercepção negativa. Mas, afinal, o que é esse tal de "envelhecimento ativo"?

O termo "envelhecimento ativo" foi criado pela Organização Mundial da Saúde com o objetivo de melhorar a qualidade de vida das pessoas à medida que envelhecem. É uma política que subsidia ações envolvendo a saúde, a segurança, a participação na sociedade e a aprendizagem ao longo da vida, aspectos que, juntos, proporcionam um envelhecimento saudável para as pessoas.

A palavra "ativo" diz respeito a um movimento contínuo de participação em questões socioeconômicas, culturais e civis, e não somente à capacidade de trabalho ou à atividade física, permitindo que as pessoas percebam o seu potencial físico, social e mental, propiciando segurança, proteção e cuidados. Saúde diz respeito a uma vida saudável, na qual os fatores de risco são reduzidos e o foco seja na prevenção e na atenção personalizada.

A Política de Envelhecimento Saudável, divulgada pela OMS para o período de 2015 a 2030, substitui o envelhecimento ativo, agora com novos contornos que interagem de forma multidimensional entre funcionalidades físico-psíquicas, estilo de vida, inclusão social, ambientes de moradia e particularidades de cada pessoa: "O processo de desenvolvimento e manutenção da capacidade funcional que possibilita o bem-estar na velhice".

Os profissionais da área da saúde envolvidos no trabalho de cuidados aos idosos deveriam focar esses aspectos, mas nem sempre é o que ocorre. A formação de boa parte dessas pessoas apresenta características mais reativas do que preventivas, dificultando a efetivação dessas propostas.

Uma manifestação de etarismo corriqueira no setor da saúde ocorre quando idosos comparecem acompanhados a consultas médicas e são ignorados. O profissional dirige-se exclusivamente ao seu acompanhante, como se os sintomas, dores e queixas pudessem ser descritos pelo outro. Trata-se de falta de empatia e, mais do que isso, falta de respeito.

A infantilização é outra prática constante: "Querida, me dá o bracinho! Vai ser uma picadinha só, não vai doer nada!". Pessoas com cerca de 60 anos de idade já me confidenciaram o desconforto de ser tratadas dessa maneira.

Relatos de gestantes com mais de 40 anos que ouvem que são velhas demais para engravidar são rotineiros, quando não acompanhados de insinuações sobre os riscos de doenças mentais a que estão sujeitos os bebês. Infelizmente, tais atitudes são pouco reveladas. Alguns episódios viram notícia, quando a gestante decide denunciar o médico ou enfermeiro, mas a grande maioria segue sem muita divulgação.

Menos frequente, o etarismo ocorre também inversamente, por parte de pacientes que recusam ser atendidos por médicos que consideram jovens ou velhos demais, como se a idade trouxesse uma garantia ou um desabono de excelência profissional.

Na área da saúde, porém, atitudes discriminatórias contra os idosos são consideradas um fenômeno global. De acordo com relatório divulgado pela Organização Mundial da Saúde, uma em cada duas pessoas no mundo comete atos de discriminação contra idosos, os quais interferem negativamente na saúde física e mental deles.

Um exemplo disso no setor da saúde aparece nos resultados de uma revisão sistemática de estudos realizada em 2020: em 85% de 149 pesquisas realizadas, a idade determinou quem recebeu certos procedimentos ou tratamentos médicos.

O etarismo influencia a saúde por meio de aspectos psicológicos, como ansiedade, estresse e depressão, e comportamentais, afastando o idoso de uma vida saudável e ativa.

Além disso, é inevitável relacionar esses dados com o etarismo no mercado de trabalho. Empresas alegam que os custos com assistência médica tornam-se proibitivos com a idade, esquecendo-se de que muitos idosos preferem continuar com seus planos pessoais, por receio de perder o emprego e não conseguir mais ingressar em um plano privado de convênio médico. Saídas criativas poderiam ser procuradas, caso houvesse um interesse efetivo, como, por exemplo, alguma ajuda de custo para a assistência médica. Intervenções governamentais seriam importantes, para que os custos dos convênios médicos fossem mais acessíveis para os idosos.

Outro ponto abordado pela OMS é a aprendizagem contínua, ou *lifelong learning*. A aprendizagem ao longo da vida é uma necessidade real, que deve ser estimulada para que as pessoas tenham uma mentalidade de aprendizado constante e consigam se atualizar e se reinventar ao longo da vida.

É interessante ressaltar as diferenças entre aprendizagem ao longo da vida e educação ao longo da vida[25], uma vez que a primeira tem um foco individual e a segunda, institucional. A educação ao longo da vida é caracterizada por um desenho intencional de experiências programadas oferecidas por uma instituição, assunto no qual as empresas deveriam investir para que seus colaboradores pudessem se desenvolver ao longo do tempo.

Engajamento é outro ponto importante na vida das pessoas. Ele dá um senso de propósito e pertencimento e pode ser realizado por meio de alguma causa social, intelectual, cultural ou espiritual. Existem estudos[26] que comprovam que a diversidade aumenta o engajamento dos times de trabalho, e a diversidade etária abraça todos os pilares da diversidade.

Por fim, segurança é fundamental para que possamos envelhecer de maneira digna, plena e ativa. No âmbito organizacional, um

---

25 BILLETT, S. Distinguishing lifelong learning from lifelong education. *Journal of Adult Learning, Knowledge and Innovation*, v. 2, n. 1, p. 1-7, 2018.

26 Disponível em: https://www.mckinsey.com/br/our-insights/diversity-matters-america-latina; https://ibdee.org/biblioteca/pesquisa-diversidade-nos-conselhos/; http://longevidade.ind.br/publicacao/rotas-diversidade-e-longevidade-2035-livro-completo/.

ambiente de segurança psicológica é fundamental para que as pessoas se sintam confortáveis em manifestar suas opiniões, dar ideias, fazer perguntas e cometer erros. E, claro, a segurança no ambiente de trabalho, com prevenção de riscos de acidentes de trabalho e de doenças ocupacionais, é requisito fundamental para um trabalho digno.

> *Reflita sobre os quatro pilares do envelhecimento ativo – saúde, segurança, participação na sociedade e aprendizagem ao longo da vida – e dê uma nota de 0 a 5 para si mesmo(a) em cada aspecto. O que você pode fazer para melhorar cada um desses pilares e pavimentar um caminho mais tranquilo para o seu envelhecimento? Pense em ações de curto e médio prazo e anote quando irá começar.*

8

O ETARISMO NA PUBLICIDADE E PROPAGANDA

*"A verdadeira fonte da juventude
é o entusiasmo pela vida."*

Samuel Ulman

Um estudo acadêmico analisou[27] algumas propagandas com idosos nas décadas de 1970, 1980 e 1990, concluindo que as mensagens ligavam a velhice a uma fase de perdas, estereótipo que contribuiu para o fortalecimento e a propagação do preconceito etário em nossa sociedade. Um estudo posterior analisou durante três meses, em 2017[28], propagandas, anúncios e mensagens publicitárias em redes sociais com a presença de idosos, e concluiu que eles são retratados de três formas:

- Inseguros, dependentes, conservadores ou isolados.
- Ricos, poderosos, perspicazes ou com grande prestígio social.
- Com comportamentos associados à juventude, num tom humorístico.

As conclusões do estudo apontam para um reforço da imagem e de estereótipos existentes em nossa sociedade. Nas abordagens humorísticas, o etarismo aparece de forma mais evidente, como acontece no contexto social, quando são usadas piadas e brincadeiras para diminuir a credibilidade dos idosos.

Esse aspecto também foi apontado por Gisela Castro no livro *Os velhos na propaganda*, em que são descritos exemplos deselegantes de humor envolvendo pessoas maduras, muitas vezes

---

27 BARBOSA, D. S. Publicidade, velhice e humor caricatural: o triângulo mais bem casado em busca de potenciais segmentos de mercado. 2017.

28 MACHADO, C. M. Onde estão os idosos na publicidade? 2017.

em uma intersecção de preconceitos, como, por exemplo, etarismo e machismo em campanhas de cerveja.

Uma questão interessante levantada pela autora diz respeito ao perfil dos anunciantes que direcionaram suas campanhas aos idosos no período pesquisado. No caso do estudo, apenas um da área da saúde, um cemitério e uma campanha educativa de trânsito, o que demonstra claramente como o potencial de consumo desse público foi ignorado. Hoje, mais de dez anos depois, a resposta talvez fosse um pouco mais abrangente, mas, ainda assim, incipiente diante do oceano azul de oportunidades: o caminho a ser percorrido por anunciantes e agências de publicidade ainda é longo para que o envelhecimento seja visto como uma fase natural da vida e tratado sem estereótipos.

A pesquisadora Christiane Machado trouxe dados semelhantes ao analisar propagandas dos dez maiores anunciantes do país, representantes de mais de duzentas marcas: nos 3% dos anúncios em que havia a presença de idosos, estes eram representados de maneira estereotipada, o que levou a autora a concluir que, embora todos queiram viver mais, ninguém quer ficar velho, equação de difícil solução.

É importante ressaltar a relevância dos meios de comunicação na constituição do imaginário social. A associação de beleza a juventude vem sendo reproduzida e reforçada pela mídia, especialmente por revistas e tutoriais de moda, que têm um papel decisivo na autoimagem das pessoas, com ideais de beleza impossíveis de ser atingidos, gerando uma leva de jovens frustradas por estar fora dos padrões, e mulheres maduras invisíveis e deprimidas por não corresponder a esses mesmos padrões.

Com o aumento da longevidade e o crescimento da faixa populacional de idosos, uma mudança do entendimento e do discurso sobre o envelhecimento torna-se imprescindível. A associação de atributos de saúde, beleza e felicidade à juventude, em contraponto a conceitos negativos ou pejorativos, como fragilidade, senilidade e depressão associados à velhice, já não cabe, e a promessa da juventude eterna não convence mais.

Ao analisarmos o *modus operandi* da publicidade e propaganda, percebemos a presença constante do etarismo, independentemente da evolução dos debates sobre o tema. Uma das explicações para isso é a idade dos profissionais que atuam nessa área: em geral bastante jovens, têm imagem associada a inovação e criatividade – estereótipo questionável se analisarmos o perfil e a produção ativa dos incríveis Washington Olivetto, de 69 anos, Nizan Guanaes, de 63 anos, Sibely Silveira, de 54 anos, Fernanda Moura, de 53 anos, e Mentor Neto, de 51 anos (idades no ano de 2021), apenas para citar alguns brasileiros da área que ainda produzem trabalhos incríveis!

Para ilustrar esse fenômeno, um dos trabalhos que fiz foi uma palestra de sensibilização para uma agência de marketing digital cujos funcionários tinham idade média de 25 anos. A preocupação dos sócios era de que o etarismo estivesse presente de forma velada dentro da equipe e que isso estivesse atrapalhando a empatia com clientes mais velhos. Outro exemplo foi um trabalho realizado em uma agência de publicidade em que só havia duas pessoas com idade acima de 40 anos, as quais enfrentavam dificuldades para estruturar projetos para o público maduro. Trabalho semelhante foi solicitado por uma agência de promoção de eventos, com dificuldade de olhar para as necessidades do público maduro feminino e encontrar soluções mais adequadas para os indivíduos desse grupo.

As alternativas para trabalhar as questões desse setor passam por avaliações do balanço etário, desenho de indicadores, análises estratégicas de resultados, sensibilizações, mentorias e, principalmente, implantação de um ambiente multigeracional.

> *Os idosos em geral são retratados de forma estereotipada nas propagandas. Tente lembrar-se de alguma em que isso não ocorreu e anote. Se você só conseguir se lembrar de propagandas com imagens estereotipadas, pense em uma e anote o que faria para alterá-la.*

9

O ETARISMO NO CINEMA, NO STREAMING, NAS NOVELAS E NAS REDES SOCIAIS

*"Envelhecer é como escalar uma grande montanha:
enquanto se sobe, as forças diminuem,
mas a visão se amplia."*

Ingmar Bergman

O mercado cinematográfico pode ser representado por números que impressionam: dados de 2018, antes da pandemia, mostram que a indústria cinematográfica havia registrado um lucro recorde de 96,8 bilhões de dólares em todo o mundo, segundo a Motion Picture Association of America (MPAA). Dentro da linha de pensamento resumida pelo CEO da MPAA, Charles Rivkin: "Nossas empresas continuam a fornecer conteúdo onde, quando e como o público quer". Isso porque, além das 190 mil salas de cinema espalhadas pelo mundo, ainda em ritmo crescente, em poucos anos já havia mais de 600 milhões de assinantes de serviço de *streaming*, superando a TV a cabo. E esses são apenas alguns indicadores que mostram o poder dessa indústria.

Os impactos da tecnologia levaram o público para dentro dos filmes, e movimentos por uma representatividade mais abrangente fizeram avançar questões de diversidade, especialmente de gênero e raça. Em 2016, Stacey Smith, cientista social, denunciava em um TED a crise de inclusão nos filmes de Hollywood, e agora atores e atrizes de cinema podem exigir que seus contratos tragam uma cláusula especificando níveis de diversidade no filme em que irão atuar, condicionando sua participação à inclusão de pessoas de grupos pouco representados na equipe e/ou no elenco do filme.

Além da pressão exercida por astros de cinema, a própria indústria vem descobrindo o potencial lucrativo da diversidade. O filme *Pantera Negra*, primeiro de super-heróis protagonizado por um ator negro, obteve faturamento de mais de 1,3 bilhão de dólares e indicação a sete Oscars.

Uma pesquisa etária voltada aos últimos oitenta anos de Oscar[29] revela que apenas 15% das atrizes e 24% dos atores premiados têm mais de 50 anos de idade. Se considerarmos aqueles acima dos 60 anos, apenas 8% das premiações envolveram atores e atrizes nessa faixa etária. A premiação de 2020 trouxe algumas boas surpresas nesse sentido: o ator Anthony Hopkins, então com 83 anos, ganhou o prêmio de melhor ator por sua atuação no filme *Meu pai*, no qual interpreta um idoso com demência, e as atrizes Frances Mc Dormand e Youn Yuh-jung, que tinham 63 e 73 anos, levaram, respectivamente, o Oscar de melhor atriz e melhor atriz coadjuvante, conquistas inéditas nesse setor.

Além disso, na categoria de melhor ator coadjuvante, pela primeira vez, três entre os cinco indicados eram negros: Daniel Kaluuya, Lakeith Stanfield e Leslie Odom Jr. Havia também duas indicadas para melhor atriz: Andra Day e Viola Davis, além de um indicado para melhor ator, Chadwick Boseman, por seu papel como Pantera Negra. Aqui, falando em diversidade de raça: *Black Lives Matter*! Será que vamos ter também um *Old Lives Matter* para avançar nessa pauta?

Ainda assim, o ideal de velhice propagado em boa parte dos filmes de Hollywood é o do envelhecimento *fake*, manipulado, hipermaquiado, difundido por atores idosos como Sylvester Stallone, Bruce Willis e Arnold Schwarzenegger, que, mesmo assim, não conseguem mais disfarçar os avanços do tempo. O protagonismo que as pessoas 60+ têm na vida real é raramente retratado no cinema.

Sandra Maria Ribeiro de Souza, professora aposentada da Escola de Comunicações e Artes da USP, pesquisa a representação de idosos na mídia, e, segundo suas análises, ao aparecerem nas

---

29 OSBORNE, R. *80 years of the Oscar: the official history of the Academy Awards.* 2008.

telas, os idosos geralmente recaem em dois grupos: os jovens com rugas ou os idosos próximos à morte. No primeiro caso, o retrato da eterna juventude, no segundo, o idoso doente e resmungão.

Como na publicidade, no cinema também existe a dificuldade de retratar o idoso de forma realista e tratar a velhice como uma fase normal da vida. Uma das causas para isso seria (também) a falta de representatividade nas produções de conteúdo, ou seja, jovens estereotipando essa fase da vida. Porém, o aumento da expectativa de vida tem trazido novas demandas para esse mercado e algumas pequenas mudanças começam a aparecer.

Recentemente, a atriz Sarah Jessica Parker reagiu aos inúmeros comentários e críticas sobre suas rugas e seu envelhecimento nas redes sociais quando foi anunciada a sua volta à série *Sex and the City*. As atrizes maduras costumam ser escaladas para papéis de pessoas deprimidas, solitárias e sem vida sexual, e, nas raras vezes em que isso não ocorre, demonstrações agressivas nos mostram como o etarismo é rigoroso com as mulheres. Vale salientar que muitas dessas críticas vieram também de mulheres, incomodadas com o fato de a atriz ter uma postura natural diante do envelhecimento.

Ainda sobre *streaming*, as séries *Grace and Frankie*, *O Método Kominsky* e *Star Trek: Picard* têm em comum o fato de serem protagonizadas por atores idosos consagrados e produtores de seu desenvolvimento, trazendo assim suas considerações, opiniões e vivências sobre as múltiplas facetas do processo de envelhecimento, o que talvez explique o seu sucesso junto ao público.

No Brasil, na contramão dessa tendência, atores idosos ressentem-se da falta de trabalho: Miguel Falabella (66), Vera Fischer (71), Antonio Fagundes (74), José de Abreu (77), Renato Aragão (88), Glória Menezes (88) e Stênio Garcia (91), atores consagrados de telenovelas, tiveram seus contratos rescindidos na emissora em que trabalhavam no ano de 2020.

As telenovelas no Brasil ocupam lugar de destaque no entretenimento social desde 1963, quando Tarcísio Meira e Glória

Menezes estrearam os papéis principais na primeira produção do gênero, *2-5499 Ocupado*, e continuaram sendo um dos principais produtos da indústria cultural do país.

Por meio das novelas de televisão, valores e práticas sociais são disseminados, e o seu estudo ao longo dos anos revela traços interessantes de nossa cultura. Um desses estudos[30] trouxe dados sobre formas de manifestação da velhice em nossa sociedade, demonstrando os reflexos da vida cotidiana nos folhetins e aspectos polêmicos, geralmente silenciados ou considerados tabus.

Na novela *Mulheres Apaixonadas* (2003), o tema do empobrecimento pós-aposentadoria e da violência contra idosos por parte de familiares, situações comuns na vida real, foi retratado, quando um casal de idosos passou a viver com o filho e foi sistematicamente maltratado pela neta.

A novela *Belíssima* (2005) foi pioneira ao trazer para a teledramaturgia uma mulher idosa e sexualmente ativa, Fernanda Montenegro, em papel alinhado com o fenômeno da feminização da velhice, resultado da maior longevidade da mulher em relação ao homem, exemplo seguido pela novela *Passione*, em 2010, com a atriz Cleyde Yáconis, na época com 87 anos.

A novela *Amor à Vida* (2014) trouxe um debate sobre sexualidade madura, quando o neto de uma personagem, ao saber do romance da avó, apelidou-a de "vovó periguete", expondo o preconceito relacionado à sexualidade dos idosos. Por fim, o estudo avalia que a novela *Babilônia* (2015) não agradou ao público por trazer duas atrizes idosas (Fernanda Montenegro e Nathália Timberg) em um relacionamento homoafetivo, o que teria chocado o público tradicional, que pressupõe a heterossexualidade como norma.

A novela *Um Lugar ao Sol* (2021) apresentou a atriz Andréa

---

30 CASTRO, G. G. S.; BACCEGA., M. A. A velhice na telenovela brasileira contemporânea: fomento ao debate. Logos, v. 22, n. 2, 2015.

Beltrão, então com 58 anos, vivenciando o conflito de se apaixonar por uma pessoa mais nova que ela, o ator Gabriel Leone, que tinha 28. Na trama, os desconfortos relacionados à passagem do tempo serão vivenciados pela atriz, trazendo a questão etária para os debates na arena popular.

Para os atores, sobretudo para as atrizes, esconder as metamorfoses físicas é um exercício constante, como se não lhes fosse permitido envelhecer. Em abril de 2021, a atriz Glória Pires foi criticada nas redes sociais por tomar a decisão de deixar os cabelos ficarem grisalhos. No sentido oposto, a atriz Alessandra Negrini teve sua imagem enaltecida por não aparentar ter a idade que tem.

A reinvenção profissional por meio das redes sociais tem sido uma saída para atores com dificuldade de conseguir novos papéis no cinema ou na televisão, como no caso do ator Ary Fontoura, que faz bastante sucesso no Instagram. Na mesma linha, a atriz Claudia Raia tem dedicado parte do seu tempo a postagens sobre a potência da mulher madura, e Cid Moreira, de 95 anos, tem um canal no YouTube.

Algumas celebridades apostam na carreira híbrida, como a jornalista e apresentadora Maria Cândida, que se consagra como influenciadora digital voltada para mulheres maduras, ou da geração *ageless*, por meio das redes sociais e de seu canal no YouTube. Aliás, não podemos deixar de falar sobre os influenciadores digitais maduros. Personalidades famosas nas redes sociais[31], como as "Avós da Razão" Gilda, de 77 anos, Sônia, de 81, e Helena, de 90, apresentam toda semana um programa no YouTube respondendo a variadas questões trazidas pelos internautas. Sueli Rodrigues e Asuncion Conde fazem muito sucesso postando seus *looks*; Silvia Ruiz, Cris Guerra, Adriana Coelho, Claudia Franco, Tina Lopes, Patricia Lazzarotto, Pati Pontalti, Patricia Parenza e Candice Pomi

---

31 Idades apuradas em 2021.

seguem no Instagram, inspirando mulheres na maturidade. O perfil @melhoraos50 traz conteúdo divertido; Dill Casella, de 51 anos, tem o seu blog do 50tão, assim como Rosangela Marcondes o seu It Avó. O publicitário Cuca, de 59, lançou o canal "Homens de Prata", que, como Dimas Moura em seu canal "Mais 50", foca o público masculino 50+. A gaúcha Miréia Borges, de 62 anos, tem o seu próprio blog, assim como Patida Mauad, de 61, e Ro Maciel, de 60; Luis Baron, de 60 anos, lançou um livro e tem o canal "Tô Passado", direcionado ao público LGBTQIA+ 50+, e Stefan Ligocki, responsável pelo "Mais 40+", um projeto de conteúdo do LinkedIn de valorização do profissional sênior no mercado de trabalho. Seria impossível citar todos aqui, visto que os influenciadores digitais voltados para esse público são muitos e atuam em nichos diferentes.

Um estudo realizado em 2020 pela Silver Makers, *spin-off* da consultoria Hype 50+, revelou que a categoria é composta por cerca de 30 milhões de pessoas, que movimentam cerca de R$ 1,6 trilhão por ano no Brasil. Os influenciadores digitais maduros apresentam uma temática abrangente: longevidade (18%), estilo de vida (15%), moda (12%), viagens (11%), saúde (8%), negócios (7%) e lazer (5%).

Pesquisa de 2020 do TIC Domicílios, do Centro Regional de Estudos para o Desenvolvimento da Sociedade da Informação (Cetic.br), mostra que, entre as pessoas de 60 anos ou mais, 58% têm acesso à internet, e, entre os brasileiros que estão on-line, influenciadores já são a segunda fonte para tomada de decisão de compra. De acordo com o estudo da MindMiners voltado para o público 50+, 71% dos entrevistados disseram ter descoberto algum produto ou serviço por recomendação de um influenciador digital, o que demonstra o potencial desse negócio. O desafio no Brasil é a monetização desses canais, pois muitas marcas ainda desvalorizam essa função e oferecem trabalho em troca de produtos como forma de remuneração: mais uma manifestação de etarismo por parte das empresas e anunciantes.

O etarismo ainda tem presença marcante nos meios de comunicação, aspecto preocupante, uma vez que eles trazem nas entrelinhas valores e práticas sociais que acabam atuando como modelos a serem seguidos. Estamos vivendo mais e, em vez de valorizar isso, depreciamos a velhice e não conseguimos nos colocar nesse lugar. A reconstrução social desse lugar é urgente e depende de um esforço intergeracional.

> *Reflita sobre os atores e atrizes maduros brasileiros: quem você escolheria para ocupar os três primeiros lugares entre os melhores? Como tem sido a produção deles no último ano? Procure se informar, veja se algum deles tem página em redes sociais. Em caso positivo, curta, compartilhe, prestigie! Além de elevar a autoestima dessas pessoas, você ajudará a mostrar a sua relevância. Além disso, procure conhecer os influenciadores digitais maduros.*

10

O ETARISMO NO MUNDO DA MODA

When I am an old woman I shall wear purple. With a red hat which doesn't go, and doesn't suit me. And I shall spend my pension on brandy and summer gloves. And satin sandals, and say we've no money for butter. I shall sit down on the pavement when I'm tired. And gobble up samples in shops and press alarm bells. And run my stick along the public railings. And make up for the sobriety of my youth. I shall go out in my slippers in the rain and pick the flowers in other people's gardens and learn to spit..."
(Excerpt from 'Warning', poem by Jenny Joseph.)

"Quando eu for velha, usarei roxo. Com um chapéu vermelho que não vai combinar. E gastarei toda a minha pensão em licor e luvas para o verão. E sandálias de cetim, e direi que não temos dinheiro para manteiga. Sentarei na calçada quando estiver cansada. Devorarei amostras nas lojas e apertarei campainhas. E correrei minha bengala pelas grades públicas. E compensarei a sobriedade da minha juventude. Sairei de chinelos na chuva. Colherei flores dos jardins de outras pessoas. Aprenderei a cuspir..."

Trecho do poema "Aviso", de Jenny Joseph

O conceito de moda traz significados diversos relacionados a costumes predominantes em determinado grupo, em determinado espaço de tempo. A palavra costuma ser usada para designar uma forma de se vestir comum a várias pessoas, e por isso faz parte de nosso imaginário social, participando de inúmeras questões subjetivas que envolvem nossa identidade. Ao mesmo tempo que a roupa nos insere em nosso meio, ela nos distingue como pessoas.

No Brasil, como em boa parte do mundo, as referências e valores da moda são orientados para a juventude. A estética da mulher madura predominante é a da mulher que não envelhece, e por isso não aparenta a idade que tem, trazendo o etarismo em suas entrelinhas.

O padrão de corpo saudável e belo no mundo da moda se estabeleceu por volta dos anos 1940, com a ajuda dos filmes de Hollywood, mas foi a partir dos anos 1960 que a juventude passou a ser enfatizada como a única possibilidade atraente de estética. O corpo com sinais de envelhecimento, que já era referência de desleixo pessoal, passou a ser objeto de negação: disfarçar a idade tornou-se prática corriqueira, especialmente para as mulheres, muitas vezes envergonhadas pela presença de sinais da passagem do tempo.

A pressão pela aparência é tão forte nas mulheres que, de acordo com artigo publicado em 2015 pela revista *Sex Rules*, elas assumem a perspectiva dos outros e se objetificam.

As altas cifras da indústria de cosméticos, roupas, procedimentos estéticos, cirurgias plásticas e tudo o que cerca a indústria da beleza atestam as enormes frustrações que essa responsabilidade sobre "parecer eternamente jovem" trouxe para as pessoas: deter o processo de envelhecimento tornou-se obrigatório em nossa sociedade.

Mas a juventude não basta. A erotização do corpo feminino e sua submissão a padrões machistas é mais uma das contradições carregadas de moral ambígua da nossa sociedade, que, desde a infância, procura enquadrar o gênero feminino no acessório, dificultando uma saída triunfal desse triste roteiro, em uma corrida contra o tempo impossível de ser vencida.

A pandemia do novo coronavírus produziu algumas mudanças de comportamento na sociedade brasileira. Uma delas é a busca por uma expressão mais natural, na qual as mulheres questionam a "ditadura da aparência", segundo a qual devem tingir os cabelos e fazer uso de inúmeros recursos para tentar esconder rugas, cabelos brancos, flacidez e outros sinais externos de seu envelhecimento. Como consequência, surgiram blogs e movimentos nas redes sociais exaltando o envelhecimento e uma expressão mais autêntica de si, especialmente por parte das mulheres maduras, seguindo uma tendência internacional já consolidada.

Na Inglaterra, o documentário *Fabulous Fashionistas*, de 2013, é estrelado por mulheres acima de 80 anos, e, nos Estados Unidos, o documentário *Advanced Style*, de 2014, retrata mulheres com idades entre 62 e 96 anos que vivem bem e aceitam o seu envelhecimento, mostrando aspectos realistas dessa fase da vida. Além disso, proliferam na Europa e nos Estados Unidos inúmeros blogs de estilo direcionados a pessoas idosas, trazendo como consequência uma nova profissão até então inimaginável para o público dessa faixa etária: modelo 50+.

A heterogeneidade do envelhecimento contribuiu para uma multiplicidade de abordagens e enfoques, e senhoras estilosas passaram a ocupar espaços que antes eram destinados às suas filhas ou netas, saindo da invisibilidade, questionando a tirania das aparências juvenis e dogmas como o uso de determinadas peças e cores após certa idade, seguindo o exemplo da idosa ícone *fashion* Iris Apfel.

Afinal, usar batom vermelho, pode? E biquíni? Camiseta curtinha com a barriga de fora? Minissaia? Roupa justa? Decote? Perguntas comuns de pessoas em *lives* de moda e estilo voltadas para mulheres maduras, que, habituadas às regras castradoras de nossa sociedade, querem saber se a moda tem parâmetros etários ou se eles estão em sua cabeça. Sim, porque somos todos etaristas em desconstrução: que atire a primeira pedra quem não olharia torto ou com um sorrisinho disfarçado para aquela senhora idosa caminhando alegremente de biquíni fio dental na praia.

Fala-se de bom senso, um conceito abstrato, que não está isento de julgamentos. Em 2019, a ex-modelo Helena Christensen, então com 50 anos, foi criticada pela ex-editora da revista *Vogue* britânica Alexandra Schulman por ter usado uma peça sensual de *lingerie*, um bustiê, com uma calça jeans para ir a um evento. A crítica, feita no jornal *Daily Mail*, foi hostil e desprovida de empatia: "Desculpe, Helena, mas você é velha demais para usar esse tipo de roupa", acompanhada de um texto recheado de preconceitos. O acontecimento gerou polêmica, e a resposta deixada por Christensen no Instagram, com direito a nova foto com o mesmo top sensual e uma hashtag bem-humorada, foi um "tapa com luva de pelica" para Schulman: "Vamos continuar nos elevando e nos dando suporte, todas vocês, mulheres bonitas, inteligentes, divertidas, *sexies*, trabalhadoras e estimulantes por aí. #OpsElaVestiuBustiêDeNovo".

A relevância do papel da moda, que se situa na intersecção entre o social e o individual, a distinção e o pertencimento[32], desafiando regras e preconceitos, pode fazer com que as roupas, em vez de camuflar os sinais do tempo e nos manter em uma desconfortável prisão autoinfligida, traduzam o nosso *self* e

---

32 SVENDSEN, L. *Moda: uma filosofia*. Zahar, 2010.

contribuam para que possamos aceitar e celebrar o curso da vida fora de qualquer padronização. Sim, a moda pode ajudar em nossa batalha #contraoetarismo.

Nos Estados Unidos, o movimento feminino *Red Hat Society* (Clube do Chapéu Vermelho), fundado em 1997, inspirado no poema cujo trecho abriu este capítulo, reúne mulheres, a grande maioria acima de 50 anos, de mais de quarenta países com o objetivo de se conectarem e se divertirem. Em suas reuniões, geralmente em bares e restaurantes, elas usam roupas roxas e chapéus vermelhos, para chamar atenção. O movimento exalta um novo olhar sobre o envelhecimento e a alegria de viver, afinal, a felicidade é uma escolha que fazemos todos os dias.

> *O mundo da moda é particularmente cruel com as mulheres. Se você é mulher, pense no número de vezes em que se sentiu insegura ao se vestir ou que chegou a trocar de roupa por achar que estava fora dos padrões de bom senso. Se você é homem, reflita sobre as vezes em que julgou uma mulher pelo traje, especialmente uma mulher mais velha. Ou mesmo nas vezes em que você se sentiu desconfortável ao usar uma roupa que talvez fosse considerada pouco condizente com a sua idade. Será que esses parâmetros fazem sentido? Pense sobre seus preconceitos relacionados a roupas e faixa etária e avalie de onde vem e qual é o seu real significado. Tente desconstruir esse preconceito!*

11

O ETARISMO NOS ESPORTES

*"O envelhecimento é uma estrada a percorrer,
não um destino a ser evitado."*

Esther Williams

Em 2017, assistimos a manifestações contundentes de preconceito etário por parte de torcedores do time de futebol do Botafogo, pouco antes da demissão de Antônio Lopes, então com 76 anos. Algumas frases retiradas do Twitter demonstram o grau profundo de etarismo na sociedade brasileira, avaliando um profissional pela sua idade, em detrimento de sua capacitação profissional.

"Vou só te falar uma coisa, amigão! Fora, Antônio Lopes... velho aposentado e babão...", entre outras frases menos polidas, em que Lopes foi chamado de "velho gagá", "velho caduco", "velho e acabado", "velho desgraçado" e "velho moribundo" por inflamados torcedores, que se esquecem da inevitável ironia da vida, que um dia os levará para o mesmo lugar.

Pinho, de 73 anos, o técnico de futebol mais velho na ativa no Brasil, em entrevista ao UOL Esporte em 2018, disse que, embora sentisse as pressões do etarismo em sua carreira por parte de treinadores mais jovens que cobiçavam o seu emprego, torcedores, imprensa e adversários, levava as coisas na brincadeira, pois não pretendia parar enquanto tivesse saúde e disposição[33]. Vanderlei Luxemburgo, de 71 anos, técnico e youtuber, nova profissão de muitos maduros em fase de reinvenção pessoal e profissional, ressente-se do etarismo no futebol, especialmente por parte da imprensa, que protege os técnicos mais jovens e, paradoxalmente, não tem a mente aberta para ideias inovadoras no esporte, como, por exemplo, a gestão de clubes de forma empresarial, com

---

[33] Ele parou em abril de 2023, por problemas de saúde, com 78 anos.

participação de todos nos resultados, um dos temas que colocou em pauta tempos atrás.

A grande questão trazida por dirigentes e torcedores é a falta de renovação da consequente permanência de idosos no futebol, argumento que pode fazer sentido se não houver reciclagens, atualizações e programas de *lifelong learning* no futebol. Talvez Luxemburgo tenha razão em uma coisa: se os clubes de futebol implantassem uma gestão mais parecida com a das empresas, mudanças interessantes poderiam acontecer. Desenhos de processos estratégicos de recursos humanos, incluindo planejamento de carreira e sucessão, trariam maior previsibilidade, economia e visão de médio prazo, algo que hoje não é comum nesse setor.

O etarismo permeia diversos esportes e atinge atletas de várias faixas de idade. A ex-ginasta Daiane dos Santos, em entrevista para a *Quem News*, relembra que ingressou na ginástica olímpica aos 11 anos, idade tardia para o início nessa modalidade: "Por que você não vai fazer atletismo? Está muito velha, por que não vai para outro esporte?" Em 2020, a ex-atleta, após engordar 15 quilos, sofria de gordofobia, pressão estética relacionada ao peso, comum em nossa sociedade, especialmente para as mulheres.

O piloto espanhol de Fórmula I Fernando Alonso, um dos mais velhos do grid em 2023, em entrevista para o portal Terra Automobilismo, desabafou sobre o excesso de questionamentos sobre a sua idade, 42 anos, e a irrelevância que esse tema deveria ter no setor. Porém, ao analisarmos a média de idade dos pilotos de Fórmula I da temporada de 2020, deparamos com uma média de 27 anos, sendo então Yuki Tsonoda o mais jovem, com 20 anos, e Kimi Raikkonen o mais velho, com 41 anos, o que talvez explique a atenção dada ao envelhecimento dos pilotos.

Para Barbara Lawrence, professora da UCLA/USA, o papel desempenhado pela idade depende mais das crenças das pessoas sobre a idade do que da idade em si. As formas de quebrar esses estereótipos são a diversidade etária dentro das equipes ou títulos seguidos conquistados por pilotos de determinada faixa etária, como acontece no tênis com Roger Federer, de 41 anos, Rafael Nadal, de 36 anos, e Novak Djokovic, de 36 anos em 2023.

Matéria na Radio France trouxe um questionamento interessante: por que muitos atletas jovens parecem velhos? Corpos de adolescentes com cara de avós, dizia a matéria.

Atletas profissionais costumam praticar esportes ao ar livre, por longos períodos de tempo. As intempéries contribuem para o envelhecimento da pele: o sol, o vento e o frio são os maiores responsáveis pelas rugas precoces dos atletas. Os raios UV destroem as fibras de colágeno e elastina; além disso, há uma produção extra de radicais livres, provocada pelo consumo excessivo de oxigênio em práticas intensas e prolongadas de esportes, que também se reflete no envelhecimento da pele.

O *estresse de performance* ao qual os atletas profissionais são submetidos é outro componente importante nessa equação, com efeitos comprovados no envelhecimento precoce do organismo, provocando calvície e outros problemas associados ao envelhecimento.

Atletas longevos parecem desafiar essas questões, especialmente os não profissionais, como a canadense Alice Cole, nascida em 1933, que percorre o mundo, ou melhor, corre pelo mundo, desde 2005. Ela começou com 71 anos e coleciona medalhas e prêmios diversos em várias categorias.

O ciclista italiano *Giuseppe Marioni*, de 83 anos, gosta de pedalar longas distâncias: 100, 130 km, várias vezes por semana. Já *Georgette Charland*, 81, uma das mais velozes esquiadoras do Canadá, continua apaixonada pelo esporte. O ucraniano *Leonid Stanislavskyi*, de 97 anos, é o mais velho jogador de tênis do mundo, e, graças a ele, a Federação Internacional de Tênis introduziu uma nova categoria no torneio de 2021, a de tenistas *Super Seniors*, com idade acima de 90 anos. Como eles, muitos atletas que já ultrapassaram a idade do suposto apogeu físico continuam na ativa, inspirando pessoas de todas as idades: que lições podemos aprender com eles?[34]

A primeira lição está relacionada à evolução do corpo humano. Não sabemos ao certo até onde o corpo humano pode chegar. Matéria na *Woodnews* aponta que pessoas consideradas velhas demais têm conseguido *performances* equivalentes às de jovens, por meio de preparo físico, equipamentos e métodos avançados. No Brasil, temos o exemplo do empresário Abílio Diniz, de 86 anos, esportista entusiasta desde os 6 anos de idade!

Os atletas mais velhos dificilmente vivem disso. Eles aliam o esporte à sua rotina profissional, o que significa menos tempo de treino em relação a seus concorrentes mais jovens. Por outro lado, a idade traz experiência, prudência e sabedoria: eles treinam de forma mais inteligente, não se expondo a riscos desnecessários, pois sabem que seu tempo de recuperação para contusões, dores e machucados é maior.

Um fenômeno global interessante tem sido notado nesse setor: o crescente ingresso de *baby boomers* em novas atividades esportivas. Isso se explica por uma crescente preocupação com um envelhecimento mais saudável, aliado a uma disponibilidade maior de tempo e de recursos financeiros por parte dessa população.

A prática de esportes na maturidade, além de todos os benefícios ligados à saúde, traz também a possibilidade de conhecer pessoas com interesses comuns, o que é extremamente saudável. Atualmente, pessoas de todas as idades interessadas em praticar esportes ou atividades físicas têm inúmeras oportunidades: o *crossfit*, a *corrida* e o *beach tennis* são modalidades concorridas entre o público 50+. Que tal você procurar a sua turma e começar a se dedicar a um esporte?

---

34 Idades apuradas em 2021.

Os benefícios do exercício físico são comprovados. Se você ainda não pratica, procure informar-se sobre as diferentes modalidades, experimente, faça uma aula para conhecer. Pense em algo que você goste de fazer, para que a prática seja prazerosa: um esporte agradável tem boas chances de se tornar um hobby. Caminhada, natação, mergulho, vôlei, tênis, golfe – existem inúmeras atividades interessantes para você testar e se apaixonar. Dê o primeiro passo hoje!

UMA CONVERSINHA RÁPIDA SOBRE O ETARISMO E O "MERCADO PRATEADO"

"Uma economia da longevidade oferece uma oportunidade de prata para a prata. A oportunidade de envelhecer é a oportunidade de aumentar a prosperidade por meio da criação de novos produtos e serviços que permitam às pessoas vidas mais longas e significativas."

Laura Carstensen

A faixa da população com mais de 50 anos é a que mais cresce nos países desenvolvidos, e por aqui isso não é diferente. Conhecidos como "maduros", eles são produtivos e saudáveis, ávidos consumidores de viagens, cursos e produtos diversos voltados para o bem-estar: eles lotam parques e academias!

O envelhecimento da população é uma das quatro megatendências do século XXI e se revela uma grande oportunidade para a economia. A economia prateada é o conjunto de atividades econômicas associadas às necessidades das pessoas com mais de 50 anos, envolvendo produtos e serviços voltados para esse público. De acordo com dados da Hype 50+, no Brasil, 63% das pessoas acima dos 60 anos são provedoras da família, o que traz um grande desafio para elas: a poupança para uma vida mais longa.

Apelidada de geração sanduíche, por dividir-se entre cuidados de pais idosos e de filhos que demoram a assumir sua independência, o desafio de poupar para a velhice torna-se mais complexo a cada dia, equação turbinada pela presença do etarismo no mercado de trabalho e o aumento da expectativa de vida.

A *silver economy* representa hoje a terceira maior economia do mundo, ou seja, se fosse uma nação soberana, estaria apenas atrás dos Estados Unidos e da China. Dados do Federal Reserve atestam que, nos Estados Unidos, as pessoas nascidas até 1964 movimentaram 78 trilhões de dólares em 2019, de um total de 112 trilhões de dólares, o que comprova a potência desse mercado, que só no ano de 2020, de acordo com a *Harvard Business Review*, movimentou cerca de 15 trilhões de dólares pelo mundo. Estima-se que até 2025 mais de um terço dos europeus trabalhará para a economia prateada.

No Brasil, as cifras são também consideráveis: esse mercado movimenta cerca de 1,8 trilhão de reais, e a faixa de pessoas com mais de 50 anos é a que mais cresce. Aqueles que têm uma profissão e realizaram um bom planejamento financeiro gastam bastante: o consumo dos maduros cresceu três vezes mais rápido do que o dos mais jovens.

Um estudo desenvolvido em 2020 pela Fundação Dom Cabral, com apoio técnico da Hype 50+, trouxe *insights* interessantes sobre desafios e oportunidades da economia prateada. Entre eles, a desconstrução de estereótipos relacionados ao perfil dos maduros e sua desenvoltura com o uso de ferramentas digitais: você sabia que 27% dos brasileiros acima de 57 anos usam o aplicativo de relacionamento Tinder?

O fato de 4 em cada 10 brasileiros reclamarem da falta de produtos e serviços que atendam às suas demandas é um ponto de atenção para as empresas que pretendem atingir esse público. Aliás, detalhes como tamanho de letras em rótulos e cardápios, falta de iluminação em lojas, bares e restaurantes e problemas gerais de acessibilidade são aspectos pouco considerados e que deveriam entrar para o rol de preocupações dos varejistas e empresários que pretendem sair à frente junto a esse público, pontos que seriam facilmente solucionados se seus times fossem multigeracionais.

Outro dado interessante trazido pelo *trendbook* da Fundação Dom Cabral, que reúne pesquisas e depoimentos diversos, é o fato de que atualmente apenas 22% da população brasileira permanece trabalhando após os 60 anos de idade, mas tem níveis mais altos de rendimentos reais comparados a outros grupos etários. Esses dados são do IBGE e devem ser avaliados com cautela, pois trata-se de médias de um país extremamente desigual, onde o trabalho informal é praxe, especialmente nessa faixa etária. Os dados da Previdência Social atestam que, dos 31,2 milhões de brasileiros com mais de 60 anos, 6,9 milhões exercem alguma atividade laboral, e quase 60% dessa população ainda não recebe aposentadoria ou pensão, número que se estabiliza em torno de 20% quando analisamos a faixa dos 70 anos para cima. Em geral, a aposentadoria é usada como complemento de renda.

Embora com mais renda, isso não significa que esse público tenha maior disposição para o consumo. Além do aumento com as despesas de saúde, existe grande preocupação em ajudar no sustento doméstico, aspectos um pouco diferentes dos encontrados na Europa, onde as preocupações maiores envolvem saúde e manutenção da autonomia e da integração.

Voltando para o Brasil, na outra ponta, o consumidor maduro do mercado de luxo se ressente da falta de assertividade das marcas com ele. A associação de beleza à jovialidade permanece, sem que haja representatividade, como já ocorre nos mercados europeu e norte-americano. Segundo Carlos Ferreirinha, um dos maiores formadores de opinião sobre mercado de luxo no Brasil, falta aqui coragem mercadológica para lidar com o tema da longevidade.

De acordo com uma pesquisa realizada pela Fundação Dom Cabral, no Brasil existem 343 negócios inovadores voltados para o público maduro, boa parte vinda de *startups*. Tendência global, no mundo seis delas já são classificadas como unicórnios (cuja avaliação supera 1 bilhão de dólares), com destaque para a *Papa* estadunidense, plataforma que conecta idosos a universitários. Por aqui, estamos abrindo frentes para isso, mas com muito espaço para crescimento, já que as empresas brasileiras que atuam nesse setor têm pouco tempo de vida e soluções ainda muito voltadas para a área de cuidados (40% delas).

Vale salientar que, em termos de segmentação de marketing, geralmente consideram-se idosos os indivíduos a partir dos 50/55 anos de idade, diferente da faixa etária demarcada para o idoso brasileiro, a partir de 60 anos, idade considerada baixa se comparada a alguns padrões internacionais: na Itália, um cidadão é considerado idoso a partir de 75 anos. Porém, o atingimento do patamar da velhice não é algo simples de precisar, já que esse é um conceito complexo, sujeito a inúmeras configurações e articulações. É importante também lembrar a diversidade dentro da maturidade: há diferenças comportamentais entre as faixas etárias – por gênero, por estado de saúde e, por fim, pelo estilo de vida.

O etarismo aparece como um paradoxo nesse cenário, já que os mais velhos costumam ser ignorados pelas marcas e agências de publicidade, algo inexplicável diante de tamanho potencial. Ainda são poucos os produtos e serviços desenhados ou construídos sob a perspectiva do consumidor mais velho: 63% dos negócios ainda têm como objetivo a geração Y. Isso pode ser explicado pela diminuta presença de profissionais maduros nas equipes de marketing e publicidade.

O livro *Silver to gold: the business of aging* ("Da prata ao ouro: o negócio do envelhecimento"), ainda sem tradução para o Brasil, reúne dados desse mercado nos Estados Unidos, com exemplos de empresas que estão se movimentando para abraçar uma fatia dele, como a indústria automotiva, que, diante dos dados de consumo dos americanos com mais de 55 anos (maiores compradores de carros novos), implementaram mudanças para trazer mais melhorias para esse público. Entre elas, a contratação de consumidores 60+ para testes de dirigibilidade e reprodução de mídia.

Para Juan Carlos Alcaide, autor do livro *Silver economy – mayores de 65: el nuevo target* ("Economia prateada – maiores de 65: o novo alvo"), sem tradução para o Brasil, o desafio é mudarmos o *mindset* e, em vez de problema, passarmos a enxergar a maturidade como uma oportunidade. Para o autor, devemos trabalhar a "nova juventude madura", desenhando serviços e produtos focados em suas necessidades, além de desenvolver mensagens e propostas personalizadas, com recursos destinados a eles: a *silverização* da economia acontecerá em todas as frentes de consumo, já que o futuro está nas pessoas com muito passado.

Algumas sugestões de classificações originais são apresentadas ainda nessa abordagem, que defende ações de sênior *marketing* ou *silver marketing*, direcionadas para os seguintes públicos:

Jovens-velhos: jovens que se comportam como velhos, na aparência e na forma de se vestir. Oportunidades: venda de produtos *vintage*.

Adultescentes: exatamente o oposto, velhos que se comportam como jovens. Oportunidades: produtos de moda, cosméticos, produtos estéticos, maquiagens etc.

Madurescentes (no Brasil, já nomeados anteriormente de *envelhescentes*): cuidam do corpo e da mente. Gostam de estar bem, fazem exercícios, têm boa alimentação, cuidam da imagem, gostam de se vestir bem e têm uma vida social ativa. Oportunidades: produtos tecnológicos, esportivos, culturais, experiências gastronômicas, viagens etc.

Velhennials (tradução livre, um *mix* de "velhos" com "millennials"), quando *baby boomers* se apropriam dos atributos positivos dos *millennials* e fazem o que gostam, sem se preocupar com o julgamento alheio. Oportunidades: turismo, cultura, normalmente direcionados a *millennials*, porém contando com a maior disponibilidade financeira dos *baby boomers*.

Independentemente da pertinência de tais classificações, o fato de repensar a abordagem e procurar alternativas criativas com foco direcionado a esse público indica a possibilidade de caminhos diferentes, que podem nos ajudar a surfar novas ondas nesse incrível oceano prateado.

Nesse novo cenário, o acompanhamento de pesquisas é fundamental para que nossas ações não sejam baseadas em sensações, muitas vezes pautadas na leitura das nossas "bolhas", ou de nosso pequeno mundo. Uma pesquisa global desenvolvida pela consultoria EY-Parthenon analisou os efeitos da pandemia do novo coronavírus sobre atitudes do consumidor e trouxe *insights* interessantes sobre o comportamento de compra das diferentes gerações. Concluiu-se, por exemplo, que os *reviews* on-line, considerados extremamente importantes para 59% da geração Y, caem para 33% para o público mais velho, de *baby boomers*. Da mesma forma, as mídias sociais são cruciais na decisão de compra de 38% dos *millenials* e apenas para 15% dos *baby boomers*. Será que esse dado é levado em conta por quem busca atingir esse público?

Agências de publicidade raramente têm profissionais idosos em suas equipes, fato que dificulta a empatia com o consumidor maduro. Essa é uma realidade global: no mundo, apenas 5% dos profissionais das agências de publicidade têm mais de 50 anos.

Boa parte dos *insights* apontados pelas pesquisas são naturais para pessoas da mesma geração, mas podem não ser evidentes se o abismo de idades entre quem desenha o produto, serviço ou campanha e o consumidor final for muito grande. Por isso, ter pessoas maduras nas equipes pode ajudar a captar os anseios e necessidades desse público, ampliando o cenário e trazendo soluções interessantes para essa população, além de criar uma comunicação eficaz.

Uma reflexão importante a ser feita é se a idade média do público-alvo da sua empresa tem alguma representatividade dentro dela e, mais especificamente, nas áreas que lidam com produtos e serviços direcionados ao cliente. Por meio dessas respostas, algumas estratégias podem ser traçadas, a fim de que a mudança seja efetiva.

A Hype 50+, empresa de marketing brasileira especializada no consumidor maduro, aponta para a falta de empatia com a jornada de compra do público maduro e a necessidade de construção de um relacionamento mais humanizado com as pessoas mais velhas. Embora o potencial econômico do mercado grisalho seja incontestável, pesquisa da Intelligence Unit aponta que apenas 30% das empresas no Brasil estão planejando ações voltadas para a longevidade, número que comprova o longo caminho que temos a percorrer.

A economia prateada tem enorme potencial e tende a se transformar em economia da longevidade, com um olhar mais amplo sobre o futuro de todos nós.

Se você trabalha em uma empresa, reflita sobre os produtos e/ou serviços oferecidos por ela ao público maduro. Será que não existem oportunidades ignoradas, que poderiam trazer retornos interessantes para todos? Que tal levar essas ideias para a área responsável?

Caso não trabalhe, pense em demandas não atendidas pelo mercado e nas empresas que poderiam ampliar o seu leque de produtos e/ou serviços. Que tal entrar em seu site ou rede social e apresentar suas sugestões? Ou, quem sabe, possa empreender nesse novo mercado...

13

ALGUNS DEPOIMENTOS DE QUEM FOI VÍTIMA DE ETARISMO

"Não é a idade que nos envelhece, é a indiferença."

Mario Quintana

Em junho de 2021, coloquei um anúncio nas minhas redes sociais, solicitando depoimentos de pessoas que foram vítimas de etarismo. Prometi sigilo, portanto colocarei apenas as iniciais das pessoas que me enviaram o material, que, como você verá, é bastante esclarecedor. Espero que sirva para reflexão de todos, especialmente dos etaristas em processo de desconstrução.

ETARISMO NA VIDA PESSOAL

Oi, Fran! Nem sei por onde começar, mas vou tentar resumir. Fui recentemente numa academia me inscrever para aulas de zumba. Sempre gostei de dançar e pensei, por que não? Tenho 67 anos, mas sou elétrica, faço mil coisas, mas a maioria delas é para os outros e nada para mim, sabe? Bom, fui nessa academia, olhei os horários, preços, e falei que queria me matricular de manhã cedo, porque assim já começaria o dia turbinada! A menina da recepção me olhou, olhou para a grade de horários e perguntou se eu não preferia fazer na turma da tarde. Eu falei que não, que de manhã cedo era melhor. Ela ficou meio sem jeito e falou que a turma da manhã era de jovens, que na turma da tarde eu me sentiria mais confortável, com senhoras da minha idade. Eu disse que não ligava em ser a tia da turma, mas que preferia de manhã mesmo. Aí ela disse que o problema não era eu, mas como elas, as outras alunas, encarariam ter uma idosa na turma, que eu iria ter dificuldades para acompanhar e que poderia atrapalhar o andamento da aula. Fiquei arrasada! Fui embora sem me matricular e desisti de fazer, de tão desanimada que eu fiquei. No final, **senti que estou velha demais para fazer isso**. MT, 67 anos

Olá. Meu nome é M., tenho 60 anos e um corpo de 40, 45 no máximo. Pelo menos é o que todos me dizem. Sou miúda, magrinha mesmo! Mas eu sofro muito preconceito na minha casa. Meu marido e meus filhos não gostam quando coloco uma saia mais curta, uma blusa decotada ou uma calça apertada. Dizem que não tenho mais idade para usar essas coisas. Mas eu gosto, me sinto bem. Quer dizer, me sinto bem até falarem isso. Não gosto de ter 60 anos, menos ainda de ser lembrada disso. **Não me acho tão velha!** MSS, 60 anos

ETARISMO NO TRABALHO

Pelo LinkedIn, eu me candidatei a uma vaga para a área comercial de uma empresa do setor automotivo, fiz aquela mensagem sugerida pela plataforma para contatos que trabalham na empresa, e dessa forma recebi uma ligação para agendamento de uma entrevista. Isso foi em janeiro e fevereiro de 2019.

Já nessa ligação, a pessoa do RH responsável pelo processo seletivo (coordenadora, psicóloga e coach) me fez *algumas perguntas pertinentes à função e assim verificar de início se haveria aderência.*

Marcamos a entrevista on-line para o dia seguinte no mesmo horário, e ali permanecemos por aproximadamente uma hora, com as tradicionais questões de uma entrevista: qual o seu momento, o que você está buscando, por que você saiu da empresa X, Y, qual foi a sua maior decepção no trabalho, qual foi o seu maior êxito etc., etc. Procurei ser assertivo e dar uma quantidade razoável de exemplos.

Após falar da minha experiência e trajetória profissional, e de que forma eu poderia aprender mais e também contribuir na função, ainda fizemos um teste rápido de espanhol e de inglês.

Minha entrevistadora praticamente se "apaixonou" por minha condução na entrevista e parecia que a vaga já era minha. Bastaria ela completar os formulários internos para encaminhamento ao gestor da área e responsável pela contratação. E, assim que tiver processado tudo isso, eu receberei a ligação com o "sim"! Comecei a fazer planos...

De repente, menos de 10 minutos após finalizar a entrevista on-line é que eu tenho a clara evidência da questão que você chama de Etarismo.

*Entrou um e-mail, no qual **a entrevistadora me diz que ficou tão encantada com a nossa entrevista, que acabou se esquecendo de me perguntar a idade**. Eu li a pergunta, me deu aquele arrepio de quem considera que vai dar ruim, hesitei, porém respondi educadamente com a minha data de nascimento.*

Passada uma semana, tentei contato telefônico (ela me deixou o número caso precisasse), ninguém atende... Só dá ocupado, e quando atende, "está em reunião e não pode falar". Poxa, cadê aquela empatia?

Desisti do contato telefônico e, pelo e-mail no qual eu

*encaminhei meu CV, pedi um status do processo. Já no final de fevereiro veio uma resposta assim: "**O processo avançou com candidato de maior aderência**, e que eu ficasse à vontade para buscar outras oportunidades..."*

Entendo que possa ter havido sim candidato mais qualificado do que eu, porém da maneira como foi conduzida a entrevista on-line, e a perspectiva que foi criada em cima da mesma, eu não tenho dúvida de que fui excluído do processo quando confirmei minha data de nascimento. CV, 63 anos

Fiz a especialização em Gerontologia em 2006, sou graduada em Pedagogia e no Trabalho de Conclusão de Curso fiz um levantamento bastante abrangente, com análise curricular etc., sobre as Universidades Abertas à Terceira Idade de várias regiões do país. O trabalho agradou a coordenação, que me indicou para uma vaga em uma UATI em São Paulo, ligada a uma instituição privada e coordenada por um renomado "homem da gerontologia", vamos assim chamá-lo, já que não quero citar o nome.

*Enviei o meu trabalho, bem como as minhas áreas de atuação, e foi agendada uma entrevista presencial. Naquela época eu tinha 26 anos, fui bastante animada! O senhor me recebeu educadamente, fez inúmeras perguntas, e **ao final da entrevista me respondeu que não poderia me contratar, pois "eu era muito jovem e bonita para trabalhar com velhos"**! Com essas palavras! Na hora respondi que, segundo a minha formação na gerontologia, não havia nada que impedisse idosos de conviver com pessoas mais jovens, muito menos que eles* *deveriam ser cercados apenas de pessoas julgadas pela aparência física e estética como bonitas ou feias, que eu entendia aquilo como contrário a qualquer corrente gerontológica, além de uma enorme falta de respeito comigo! Entenderia perfeitamente se ele quisesse alguém com maior experiência na área, com outras qualificações, mas jamais poderia ter dado essa justificativa!*

Enfim, aquela pessoa, que escreveu tantos artigos que li antes da entrevista e que se posicionava também academicamente, se mostrou extremamente idadista em relação aos jovens e aos idosos ao mesmo tempo! Prova de que a teoria nem sempre se encontra com a prática.
FS, 40 anos

Logo de saída experimentei o que poderia denominar "etarismo invertido", ou seja, era novo demais para determinada situação. Com seis meses de formado quis fazer um curso de extensão em Engenharia Econômica, mas minha inscrição foi recusada pela instituição. **Fui considerado novo e inexperiente para assimilar o conteúdo do curso, segundo o coordenador.** *Após insistir e apresentar experiências como estagiário, ele disse que seria aceito se meu empregador enviasse um ofício informando que o curso era de interesse da empresa. Assim foi feito, embora o interesse fosse só meu, pois vislumbrava outros cenários além da engenharia civil. No primeiro dia de aulas entendi o motivo da recusa inicial:* **eu era o caçula da turma***. [...]*

Em 2007, trabalhei numa empresa onde o diretor exigia que seus executivos tivessem um MBA. Fui inscrito em uma conhecida instituição "top de linha". No primeiro *dia de aula tive uma surpresa semelhante à de 1977, mas no outro extremo: **no auge dos meus 55 anos eu era o "vovô da turma"**. Alguns professores também eram mais novos. Fiquei surpreso quando percebi que vários colegas só queriam o certificado. Muitos eram recém-graduados, alguns em áreas sem qualquer relação com o objeto do curso. As aulas se tornaram um tédio. Sem querer ser presunçoso, minha experiência parecia mais rica do que a de alguns professores. Acabei deixando a empresa por questões pessoais e o curso foi interrompido. MS, 69 anos*

Minha história com o etarismo foi complicada pela falta de transparência dos recrutadores. Fiquei praticamente dois anos e meio desempregado e participei de uma série de processos seletivos nos quais meu perfil era extremamente aderente à vaga e tive entrevistas muito boas, com uma interação muito forte com o entrevistador (temos a sensibilidade de saber que fomos bem naquela situação). Em várias delas recebia imediatamente um feedback positivo sobre a entrevista, porque havia agradado o recrutador. Passava-se o tempo padrão para contatar o recrutador e aí vinha o problema: respostas desconexas.

Ouvi em muitos casos que, apesar da vaga ser sênior, possuía experiência além do requisitado (pode uma coisa dessas?) e que isso ficaria acima do orçamento para a vaga. Como assim, se nem falamos em salário e benefícios? Em outras ocasiões ouvi que meu perfil não era aderente à vaga e cheguei a perguntar sobre qual vaga estávamos falando, porque sobre a qual fui entrevistado parecia que havia sido feita para mim. Aí vem aquela resposta evasiva: segundo o gestor solicitante, não é aderente. PR, 50 anos

Quando eu tinha 24 anos, fui promovida a chefe de área na empresa onde eu trabalhava desde os 19 anos. Era nova, mas estava na função havia 5, então sabia tudo, substituía o chefe nas férias e não tinha segredo. Quando ele saiu, minha promoção deveria ter sido automática, mas não foi. Ficamos um tempo sem ninguém e eu descobri que o RH estava entrevistando pessoas para o cargo. Fiquei tão contrariada que não pensei duas vezes: fui à sala do gerente e entreguei meu pedido de demissão. Ele quis entender os motivos e eu expliquei que não tinha mais futuro lá. Ele disse que eu era ótima, mas muito jovem para ser chefe. Não concordei e coloquei minhas opiniões. Ele disse que ia pensar e eu fui categórica: se o pensamento era de colocar outra pessoa, eu saía. Então, fui promovida. Acho que era preconceito, porque eu não tive dificuldade nenhuma em desempenhar minha função. Hoje estou desempregada e acho que o motivo é o contrário. Já me disseram que com essa idade vai ser difícil encontrar um emprego. LS, 39 anos

Por algum tempo acompanhei os "classificados" e frequentei entrevistas com RHs, algumas nada agradáveis. Em importante empresa de recrutamento tive a oportunidade de, mais de uma vez, ser entrevistado por estagiários aparentemente sem nenhuma supervisão e ter que responder a perguntas ridículas e/ou fora do contexto com a vaga oferecida. Morria de rir da famosa pergunta "você sabe trabalhar sob pressão?" Por favor, me diga: em qual profissão ou cargo não se trabalha sob pressão?

*Meu sentimento era que **entrevistadores despreparados (às vezes estagiários, como já relatei), entrevistando candidatos com a idade de seus pais, numa época em que a garotada acha que os pais estão desatualizados, julgavam os profissionais da mesma faixa etária também ultrapassados**. Vejo esse tipo de reclamação com alguma frequência. Não seria essa a outra face do problema, ou seja, pouco ou nenhum preparo de alguns entrevistadores somado à **cegueira de contratantes que exigem muita experiência com pouca idade, e o receio de alguns "head hunters" não contestarem esses contratantes** para não perder seu cliente? [...]*

Entre 2003 e 2012 atravessei o período mais difícil da minha carreira. Foi aí que ocorreram as situações mais evidentes do preconceito etário. Natural, pois me tornara 50+. Então posso dizer que SIM, sofri "preconceito etário", mas, como já disse, nunca me intimidei.

*Destaco uma entrevista com aquele que seria meu gerente, naturalmente mais jovem, que após ler meu currículo, tentando disfarçar seu mal-estar (fácil notar quando isso acontecia), saiu-se com esta: **"O senhor tem um currículo muito superior às necessidades do cargo** (ops!... imaginei que pecar por excesso nesse caso deveria ser bom). Se nós o contratarmos, o senhor vai trabalhar insatisfeito e assim que surgir uma oportunidade à sua altura vai pedir demissão e nos deixar na mão". Me tratou sempre por "senhor". Teria sido apenas por respeito? Fica a dúvida. Desculpa esfarrapada para não contratar uma sombra que poderia ofuscá-lo no futuro. Presunção minha? Vai saber, né? Ah, nem cogitou encaminhar para avaliação do RH. Martelo batido nessa entrevista. **Justificativas semelhantes apareceram outras vezes**. [...]*

Em 2012, aos 60 anos, fui contratado pela última

vez com "carteira assinada". Um ex-colega, diretor da empresa, me indicou [...] Na entrevista com outro diretor da empresa, coloquei uma posição que o surpreendeu. Disse que minha expectativa era permanecer na empresa por cinco anos. Planejava me aposentar ao completar 65 anos, e continuar a trabalhar não estava nos meus planos. Naturalmente, ele se assustou com a sinceridade, mas expliquei que não seria leal da minha parte ocultar meus planos. **Afinal, estavam me oferecendo uma oportunidade pouco comum para alguém da minha idade**. Acho que essa franqueza me valorizou. Sugeri que eu poderia avaliar a equipe que coordenaria para indicar um substituto e passar os últimos seis meses treinando-o para assumir. [...]

Me sinto privilegiado por ter encerrado a carreira no auge. **No início da aposentadoria ainda recebia convites para trabalhar ou prestar consultoria**. Respondia que até poderia aceitar, mas teriam que me pagar muito caro para renunciar aos meus objetivos. Aí pararam de me convidar. Na minha área é muito comum convidarem aposentados para trabalhar com contratos tipo PJ. **As empresas precisam da experiência das cabeças prateadas**, porém (sempre tem um porém) **oferecem remuneração imoral**, argumentando que sendo aposentados não precisamos ganhar muito porque "já estamos com a vida feita". **Nunca me sujeitei a essa exploração**. Infelizmente alguns colegas precisam complementar a renda e aceitam. MS, 69 anos

Trabalhei durante muitos anos como administrador de condomínio. Sempre gostei desse trabalho, porque gosto *de gente e tinha muita chance de conversar e resolver problemas. Eu tinha tanto trabalho que me autorizaram a contratar uma pessoa para me ajudar. Foi ótimo, treinei o meu braço-direito e dividia com ele todas as funções. Nosso atendimento era rápido e certeiro! Um dia fui chamado na administração geral e me disseram que teriam que cortar despesas, que meu salário era muito alto, que eu era bom, mas não dava para continuar a me pagar. Ficaram com o meu funcionário, que tem metade da minha idade e pouco menos que a metade do meu salário. E eu, que estava com 58, nunca mais consegui um emprego com carteira assinada. Só consigo bico. JS, 62 anos*

~ellee~

Quando fiz 50 anos, fui demitida do banco em que trabalhava havia 10 anos. Eu era o recurso mais caro da área e entraria no período de estabilidade dali a 6 meses. Estava muito bem, conduzindo um projeto importante. O meu diretor nem teve coragem de me desligar, saiu de férias e passou a missão para a área de Recursos Humanos. Fiquei arrasada! 50 anos, como conseguiria me recolocar? LG, 56 anos

~ellee~

Pense agora na sua história de vida, na sua trajetória profissional. Você já foi vítima de etarismo? Que marcas isso deixou em você? Será que você não reproduziu esse comportamento em algum momento, prejudicando pessoas em função de um preconceito que talvez nunca tenha percebido que carregava dentro de si? É importante olhar para a frente, compreender e aceitar o que passou para que não aconteça novamente. Se você trabalha, pense em trazer profissionais de diferentes gerações para dentro da sua equipe. Fique atento aos vieses inconscientes que podem estar prejudicando pessoas em processos de seleção, treinamento e desenvolvimento na sua organização. Além disso, trabalhando ou não, olhe sempre ao seu redor e perceba se todas as pessoas são tratadas com o mesmo respeito e acolhimento, independentemente de sua faixa etária.

14

ALGUMAS INDICAÇÕES PARA VOCÊ

*"Se você quer ir rápido, vá sozinho.
Se quer ir longe, vá acompanhado."*

Provérbio africano

O ecossistema de longevidade é bastante complexo, e, embora estejamos ainda engatinhando no Brasil, tenho algumas boas dicas e referências para quem está sentindo dificuldade em ser absorvido pelo mercado de trabalho ou para quem quer se aprofundar no assunto.

Existem algumas iniciativas voltadas para negócios e empreendedorismo sênior, além de alguns grupos e comunidades de empoderamento para pessoas maduras. Se você faz parte desse ecossistema e quer me apresentar o seu projeto, envie a síntese de um parágrafo para o meu e-mail, fran@acalantis.com.br, com o site, se tiver, para mais detalhes.

Algumas pessoas trabalham com consultorias, mentorias ou *coaching* de transição de carreira. Esse trabalho é interessante para você, que está preocupado com sua empregabilidade e precisa fazer um mergulho de autoconhecimento, analisar suas competências, avaliar a sua trajetória, pensar em seus objetivos e traçar planos. Com esse tipo de trabalho, você clareia a sua visão sobre os próximos passos, consegue desenhar uma estratégia e se posicionar. Depois disso, fica mais fácil ajustar suas redes sociais, seu currículo e/ou portfólio e abordar as pessoas e/ou empresas certas. Embora seja um excelente investimento, por ser um trabalho personalizado, nem sempre será compatível com o seu orçamento. Eu faço esse trabalho e sei que muitas pessoas que me procuram ficam frustradas por não poderem fazer comigo, por questões financeiras. Nesses casos, indico alguns profissionais que talvez tenham custos menores que os meus ou programas em grupo, menos personalizados, mas que podem ajudar aqueles que têm disciplina e bom senso para ajustar o programa às suas necessidades.

O meu site (www.acalantis.com.br) traz algumas ideias sobre trabalhos que podem ser realizados, embora tenha poucos formatos prontos, já que nossos projetos são, na maior parte das vezes, customizados.

~~~

O negócio da longevidade já começa também a proporcionar **programas de formação** para pessoas interessadas em atuar nele. No meu caso, o ponto de virada foi o mestrado em Administração de Empresas que fiz na Universidade Presbiteriana Mackenzie, em São Paulo, em que me aprofundei na matéria Diversidade.

Iniciativas voltadas para o público maduro já são mais comuns. No exterior, existe uma rede global de universidades amigas do idoso, com 21 instituições espalhadas pela Europa, América do Norte, Coreia do Sul e Austrália.

A USP mantém cursos em todas as suas unidades para pessoas acima de 60 anos, por meio do programa Universidade Aberta à Terceira Idade. A PUC-SP tem a Universidade Aberta à Maturidade, direcionada ao público com mais de 40 anos, e a Universidade Presbiteriana Mackenzie tem a Universidade Aberta do Tempo Útil, destinada a adultos de forma geral.

Outra iniciativa interessante são as **plataformas**, que oferecem cursos e serviços de e para o público maduro.

A rede LinkedIn é uma boa fonte para que outras iniciativas e pessoas estudiosas importantes desse ecossistema possam ser localizadas. Há jornalistas especializados no tema (ou que publicam muitas coisas interessantes com foco no tema que tratam, por exemplo, carreira), professores e palestrantes.

Se quiser saber mais sobre o tema, tenho um blog sobre o assunto: www.etarismo.com.br.

Outras indicações para quem quiser se aprofundar no assunto: *Ageism: negative and positive*, de Erdman Palmore; *Ageism: stereotyping and prejudice against older persons*, de Todd D. Nelson, Amy J. C. Cuddy e outros; *Idadismo – um mal universal pouco percebido*, de Egídio Lima Dórea. Coloque o termo *ageism* na busca do Google Acadêmico e você terá acesso a vários artigos e estudos sobre o tema. Essa mesma premissa vale para a busca de livros sobre o assunto, especialmente fora do Brasil.

Um tema interessante para apoiar a jornada das pessoas maduras são as **seniortechs,** startups que oferecem serviços e produtos para esse segmento de mercado, colocando o sênior no centro das soluções. Com abrangência transversal, as oportunidades estão em todos os setores que possam atender às demandas desse público, como, por exemplo, moradia, turismo, sites de relacionamento, estética, planejamento financeiro, cuidados com a saúde, *games*, varejo, alimentação, e assim por diante.

Espero que este livro tenha lhe causado ao menos um pequeno incômodo! Só assim conseguiremos uma mobilização para o combate a esse terrível preconceito. Te aguardo para interação nas minhas redes sociais!

Fran Winandy

"A idade é um simples preconceito aritmético."

André Malraux

AGRADECIMENTOS

Eu gostaria de agradecer às pessoas que participaram de minhas pesquisas e me ajudaram a compor este livro com seus relatos, angústias e alegrias. Especificamente, eu gostaria de agradecer a algumas pessoas que participaram ativamente deste projeto, começando pelo Wellington Nogueira, que prontamente aceitou escrever o prefácio deste livro. José Everaldo Nogueira Jr., meu ágil e assertivo revisor, que, para além do português, trouxe várias ideias de poesias e músicas que combinariam com os temas dos capítulos. Cris Guerra, tão gentil com suas dicas de escritora, me ajudando a compreender os caminhos para edição e publicação de um livro. Ivan Petrini, que pacientemente revisou e me ajudou a aprofundar questões relacionadas ao etarismo no cinema. Layla Vallias, que gentilmente me ajudou a ajustar questões relacionadas ao mercado prateado. Patricia Santos, que contribuiu com artigos acadêmicos e *insights* relacionados a *lifelong learning*, tema que domina profundamente. Por fim, agradeço à minha família, Alvaro, Giovanna e Jacqueline, pela paciência e pelos *insights* vindos de nossas conversas sobre as inúmeras nuances desse assunto.

Tire uma foto com este livro e poste
no Instagram com @fran_winandy.
Será um prazer repostar a sua foto por lá!

MATRIX